**신윤복, 〈미인도〉,
간송미술관 소장**
하후상박(下厚上薄) 스타일의
치마저고리를 입은 여인의 모습.

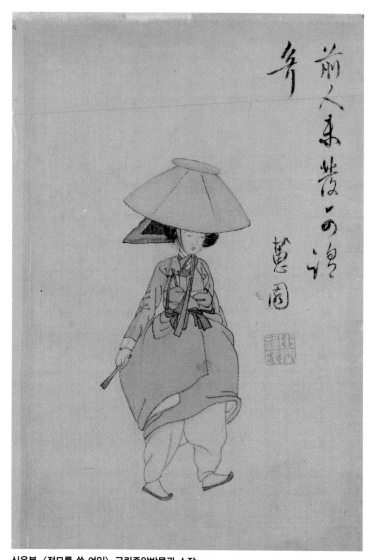

신윤복, 〈전모를 쓴 여인〉, 국립중앙박물관 소장
치마를 걷어올려 가슴을 가린 것처럼 보이지만
저고리 밑으로 여전히 가슴 일부가 드러나 있어 시선을 집중시킨다.

작자 미상, 〈조반 부인 초상〉, 국립중앙박물관 소장

조반(趙胖) 부인이 입은 저고리는 허리를 살짝 덮는 정도의 길이이다(14세기).

윤덕희 〈책 읽는 여인〉, 서울대학교박물관 소장

저고리 길이가 허리선 위로 올라간 것을 확인할 수 있다(18세기).

**작자 미상, 〈미인도〉,
동아대박물관 소장**
짧은 저고리 밑으로 드러난 가슴은
노골적으로 드러냈을 때보다
성적 매력을 더 강하게 불러일으킨다.

신윤복, 〈계변가화〉, 간송미술관 소장
활을 든 남자의 시선은 정확히 머리를 땋는 여인의 가슴에 꽂혀 있다.

신윤복, 〈유곽쟁웅〉, 간송미술관 소장
여인의 치마 아래로 단속곳과 발목으로 내려가며 좁아지는 홑바지의 모습이 보인다.
상대적으로 엉덩이는 넉넉해 보인다.

신윤복, 〈야금모행〉, 간송미술관 소장
여인의 치마 아래로 보이는 단속곳과 누비바지를 통해 다양한 속옷이 디자인에 활용되었음을 알 수 있다.

신윤복, 〈이승영기〉, 간송미술관 소장

기녀가 쓴 것은 장옷이다.

松月不見寺
人去但聞鐘

蕙園

신윤복, 〈문종심사〉, 간송미술관 소장

천의를 뒤로 젖혀 쓴 부인이 절에 가고 있다.

**김득신, 〈풍속팔곡병〉 제1면,
삼성미술관 리움 소장**

빨랫감을 머리에 인 여인들이 당시
유행하던 스타일의 치마저고리를 입었다.

치마저고리의 욕망

12 키워드 한국문화

치마저고리의 욕망

숨기기와 드러내기의 문화사

이민주 지음

문학동네

치마저고리에 숨겨진 조선 여성의 욕망을 찾아서

나는 신윤복申潤福, 1758~?의 〈미인도〉와 채용신蔡龍臣, 1850~1941의 〈팔도미인도〉를 보고 한국복식을 바라보는 눈에 변화가 생겼다. 의상학을 전공한 나는 학부 과정에서 한국복식사보다 서양복식사를 먼저 공부했으며, 그 과정에서 자연스럽게 패션의 시작은 서유럽이고 그 중심에는 프랑스가 있다고 믿어 의심치 않았다.

18세기 프랑스에서 유행한 여성복식은 위아래가 붙은 길고 넉넉한 겉옷인 '로브'다. 그중에서도 '로브 아 라 프랑세즈robe à la française'는 여성성을 강조하기 위해 목 부분을 사각형으로 파서 가슴을 드러내고, 허리는 잘록하게 줄이는 반면 엉덩이는 크게 부풀리는 새로운 양식으로 당시 서유럽에서 대유행했다. 루이 15세의 정부 마담 퐁파두르Madame de Pompadour, 1721~1764가 입은 로브는 앞에서 보면 상체의 몸매를 그대로 드러내 섹시함이 돋보이지만 뒤쪽을 보면 두 가닥의 넓은 박스 플리트box pleat가 어깨에서 스커트 끝단인 헴라인hemline까지 내려와 앞모습과는 다른 우아함을 드러낸다. 앞가슴에서 허리까지 이어지는 리본, 목 부분과 소매 부분을 장식한 프릴, 레이스로 가장자리 장식을 붙인 치마, 그 위로 커튼처럼 드리우는 치

(왼쪽) **프랑수아 부셰, 〈마담 퐁파두르〉, 월리스 컬렉션 소장**
(오른쪽) **신윤복, 〈미인도〉, 간송미술관 소장**

마를 덧입는 등의 방식으로 '아워글라스hourglass 실루엣'을 만들어내며 여

성성을 극대화했던 것이다.

　그렇다면 조선 여인의 복식은 어떠했을까? 조선 여인의 옷은 '치마저고

리'다. 치마저고리는 삼국시대 이래 우리나라의 전통복식으로서 지금까지

이어져오고 있다. 모양에는 큰 변화가 없었는데 16세기부터 저고리의 길이

가 짧아지기 시작하더니 18세기에 이르러서는 품도 작아졌다. 소매통 역시

저고리 길이의 변화에 맞춰 팔뚝에 달라붙을 정도로 바짝 줄여 입기 시작했다. 그리고 하체에는 속옷을 겹겹이 껴입고 그 위로 두 겹, 세 겹 치마를 겹쳐 입기 시작했다. 이는 과장된 실루엣을 만들며 엉덩이를 강조하는 효과를 가져왔다. 또한 저고리 겨드랑이 사이로 보이는 붉은색 안고름, 치마 위로 떨어지는 치마허리의 끈, 저고리를 여미는 고름, 그 위로 흔들리는 노리개 등이 여성의 걸음걸이를 돋보이게 하면서 여성성을 강조하는 새로운 스타일로 발전하기 시작했다. 이처럼 상체를 긴박하게 줄이고 하체를 부풀린 새로운 스타일을 '하후상박下厚上薄'형이라고 한다.

하후상박이라는 새로운 패션 스타일의 탄생은 신윤복, 김홍도金弘道, 1745~? 등의 미인도를 통해 확인할 수 있다. 그런데 이러한 패션 스타일이 탄생할 당시 조선은 서유럽과 아직 공식적인 교류가 없었다. 더욱이 지리적으로도 멀리 떨어져 있었다. 그런데 동시대 서유럽을 강타한 아워글라스 실루엣과 같은 느낌의 하후상박형 복식을 착용한 조선 미인도를 보았으니, 내가 받은 충격은 그야말로 신선했다.

우리나라의 복식구조는 상의와 하의가 나뉜 투피스two piece 형태이다. 허리를 중심으로 상의와 하의로 나뉜 복식구조는 상의와 하의가 일체형인 중국이나 일본의 복식에 비해 신체를 인식하기에 좋다. 삼국시대 이래 조선 중기에 이르기까지 오랫동안 여성의 신체는 복식에 의해 철저히 감춰져 있었다. 그런데 16세기부터 저고리의 길이가 짧아지기 시작해 1800년대에는 유두가 보일 만큼, 1920년경에는 성인 남자 한 뼘의 길이보다도 짧아졌으니,

이는 불과 100여 년 사이에 벌어진 일이었다.

조선 여인들은 4000여 년 동안 감추었던 신체를 무엇 때문에 드러내려 했을까? 또 무엇으로 어떻게 드러내려 했을까? 그들에게는 도대체 무슨 일이 있었던 것일까? 하후상박형 복식구조 속에 숨은 욕망을 통해 그 궁금증을 풀어보자.

2013년 1월

이민주

1

조선 여성,
패션에
눈뜨다

18세기 조선에서 새로운 패션 스타일을 원했던 사람들은 누구일까? 바로 기생이다. 기생은 조선시대의 엔터테이너인 동시에 전문 직업인이었다. 당시 조선 여인들은 그녀들이 선도한 새로운 하후상박 스타일의 복식을 선망하여 왕족은 물론 반가의 부녀자나 일반 서민까지 모두 입고 싶어했다.

옷을 입는 목적은 시대마다 사람마다 다르다. 조선은 엄격한 신분제 사회였다. 조선 후기의 대표적인 실학자 정약용丁若鏞, 1762~1836도 의복의 쓰임을 하나는 몸을 따뜻하게 하는 것이고 다른 하나는 문채文彩를 만들어 몸을 가리는 것이라고 했다. 문채를 만들어 몸을 가린다는 것은 곧 신분을 구분한다는 것으로 조선시대의 성격을 가장 극명하게 드러내는 표현이라고 할 수 있다.

그러나 신분제 사회가 무너지고 더이상 옷을 통한 구분짓기가 필요 없어지면 의복에는 아름다움을 향한 장식적인 욕구가 강하게 투영된다. 특히 여성의복의 경우에는 더욱 그러하다. 조선 중기에는 새로운 스타일의 복식이 탄생할 조짐이 보였다.

영조 때의 대학자 성호星湖 이익李瀷, 1681~1763은 『성호사설星湖僿說』 「만물문萬物門」에서, 부인이 옷을 입는 것은 오로지 고운 맵시를 귀하게 여겨서 가는 허리를 남에게 자랑하려고 하는 데서 출발한다고 했다.[1] 이는 여성이 자신의 신체를 인식하고, 아름다움을 드러내려는 욕구를 분출하기 시작한 시점에 나온 말이다.

새로운 스타일이 탄생하기 전까지 우리나라 여성의 치마저고리는 가는 허리를 보여줄 길이 없었다. 신체를 인식하기에는 좋은 구조였지만 허리에 둘러 입는 치마 위로 길게 늘어진 저고리는 신체의 아름다움을 드러내는 데 한계가 있었다. 신체를 새롭게 인식하고 그 아름다움을 드러내려면 복식구조가 바뀌어야 했다.

여성성을 대표하는 신체 부위는 가슴, 허리, 엉덩이다. 좀더 확장한다면 다리와 발도 포함될 것이다. 이 가운데 무엇을 보여주고 무엇을 가릴 것인가는 새로운 패션을 위한 중요한 요소다.

유행은 인간의 양면성에 따른 추구 가치의 변화에서 출발한다. 타인과 구별되고자 하는 욕구와 타인을 닮고자 하는 욕구가 서로 충돌하기도 하고 공존하기도 하면서 변화를 만들어낸다. 유행은 또한 양면성이라는 심리 요인 뿐 아니라 외적인 환경에 의해서도 끊임없이 영향을 받는다.

가장 중요한 것이 '시대'다. 미국의 복식학자 맥짐시H. T. McJimsey는 우리가 입는 의복의 형태는 시대라는 디자이너가 결정한다고 했을 만큼 유행에서 시대의 중요성을 강조했다. 시대는 다른 말로 '타이밍'이다. 아무리 아름다운 옷도 타이밍이 맞지 않으면 촌스러운 옷, 혹은 특정 소수를 위한 전위적인 옷이 되고 말기 때문이다.

18세기 조선에서 새로운 패션 스타일을 원했던 사람들은 누구일까? 바로 기생이다. 기생은 조선시대의 엔터테이너인 동시에 전문 직업인이었다. 당시 조선 여인들은 그녀들이 선도한 새로운 하후상박 스타일의 복식을 선망하여 왕족은 물론 반가의 부녀자나 일반 서민까지 모두 입고 싶어했다.

사대부의 첩이 되길 갈망했던 기생의 패션 스타일은 어떻게 하면 남성의 마음을 움직일 것인가에 초점을 맞추었고, 그것은 충분히 자연스러운 일이었다. 흥미로운 것은 일반적인 여성들은 무엇 때문에 하후상박 스타일에 매료되었는가이다.

　하층에서 유행한 스타일이 상층을 장악하고 심지어는 조선 전체에 유행할 수 있었던 요인은 무엇이었을까? 그것은 새로운 스타일의 옷이 그 자체로 충분히 창의적이고 아름다웠기 때문이다. 17·18세기에 조선은 사회·경제·문화 전반에 걸쳐 커다란 변화를 겪었다. 복식도 예외가 아니었다. 상공업과 예술의 발달, 모방심리의 발현 등과 맞물려 누구나 새로운 패션 스타일을 받아들일 수 있는 분위기가 조성된 것이다.

2

무엇을
보여주고
무엇으로
가릴 것인가

유행은 새로움의 산물이지만 사람들은 완전히 새로운 것을 원하지는 않는다. 옷 또한 마찬가지다. 이전과 전혀 다른 스타일의 옷에 사람들은 낯설어하며 쉽게 접근하지 못한다. 그래서 전체가 아니라 일부가 시대에 맞게 변화한다. 유행은 돌고 돈다고 한다. 이는 복고復古를 의미한다. 그러나 복고는 옛것 그대로 돌아가는 것이 아니라 옛것을 약간 변화시키는 것이다.

인간의 욕망 중 가장 기본적인 것은 식욕과 색욕이다.『예기禮記』「예운禮運」에서는 "마시고 먹는 음식과 남녀 간의 사랑은 사람의 가장 큰 욕망飮食男女, 人之大欲存焉"이라고 했다. 색욕은 식욕과 같이 인간의 생물학적 존속과 재생산을 가능케 하는 욕망으로 인간은 먹지 않으면 생물학적 개체로서 소멸하고, 남녀 관계가 없으면 종으로서 소멸한다. 색은 인간을 생존하게 하고 인간의 신체가 경험할 수 있는 근원적이면서도 가장 강력한 쾌락이다. 사람의 욕심 중에 색욕보다 더 간절한 것은 없다고 한다.

성호 이익은 인간의 색욕이 금수에도 미치지 못한다며 비난했다. 그 이유는 첫째, 가축도 서로 혼란스럽게 관계를 맺지 않고 정해진 짝이 있어 분별을 하는데 만물의 영장이라는 인간은 집에 처첩이 있음에도 불구하고 반드시 다른 집에서 간음하고자 하기 때문이며, 둘째, 소나 양 같은 것들도 새끼를 배면 짝짓기를 그만두는데 인간은 그러지 않기 때문이며, 셋째, 짝을 택할 때에도 인간은 젊고 예쁜 것만을 취하고자 하기 때문이며, 넷째, 남녀 할 것 없이 서로 어울려 밤낮을 가리지 않고 색을 즐기기 때문이라고 했다.[2]

이는 인간의 색욕이 단순히 종족 보존에 있지 않음을 방증하는 말이라 할 수 있겠다.

프랑스의 사상가 바타유 G. Bataille는 인간의 성행위를 종족 보존을 위한 성행위와 구분하려 했으며, 인간만이 성행위를 에로티시즘으로 승화시켰다고 했다. 에로티시즘은 종족 보존을 위한 동물적 목적과는 독립된 심리적 욕구로서, 타인을 향해 자신을 내비치고 내보이는 과정에서 발생하는 모든 심리를 성적인 태도로 표현하는 것을 말한다. 에로티시즘은 곧 생에 대한 갈망 혹은 열정이며, 성에 대한 친화력이나 성적 표현 등의 본질에 해당하는 것이다.

인간은 신체 노출로 인한 수치심 때문에 옷을 입고, 생식기능을 보호하려는 본능 때문에 성과 관련된 신체 부위를 숨긴다. 그런데 관습적으로 가리는 신체 부위는 이성으로 하여금 강한 성적 매력을 느끼게 하고 오히려 지속적으로 성적 관심을 불러일으킨다. 인간이 옷을 입는 가장 중요한 목적 중 하나는 성적 관심을 불러일으키는 신체 부위로 주위를 집중시키는 것이다.

신체를 드러내는 근본적인 이유는 무엇보다 이성에게 아름답게 보이려는 인간 내면의 욕구 때문이다. 노출하는 신체 부위, 노출 기법, 노출된 면적에 따라 상대에게 전달되는 이미지가 달라지기 때문에 신체를 노출하기 위한 디자인은 인체와 의복의 상호 관계 속에서 다양한 감성을 표현하며 변화한다.

패션은 노출과 은폐 사이에서 타협점을 찾으며, 신체를 부분적으로 또는 단계적으로 드러내거나 숨기는 방식으로 변화한다. 우리나라 여성의 치마저고리를 드러내기와 숨기기의 관점에서 살펴보자.

보여줄까 말까

최근 우리나라 여성 복식과 관련하여 가장 이슈가 되는 것은 '하의 실종'이다. 이는 하의가 몹시 짧아지다보니 생긴 말이지만 아예 하의를 입지 않는 경향을 반영한 신조어이기도 하다. 연예계의 어떤 시상식 이야기다. 요즘 시상식에서 초미의 관심사는 어떤 여자 연예인이 더 많이 노출하느냐 또는 의상의 반전 포인트가 무엇이냐에 맞춰져 있다. 짧은 옷을 입어 다리가 많이 드러난 것쯤은 이슈가 되지도 못한다. 시상식 다음날 한 여자 연예인의 의상이 인터넷을 뜨겁게 달구었다. 그녀가 입은 짧은 옷이 드레스가 아니라 정말 상의上衣였다는 것이 문제가 되었다. 더구나 그녀는 본인이 입은 옷이 상의인 줄도 몰랐다. 그도 그럴 것이 그녀가 입은 옷은 최근 유행하는 '하의 실종' 스타일로 손색이 없었기 때문이다. 인터넷에서는 왜 시끄러웠을까? 그녀보다 먼저 다른 연예인이 그 옷을 하의와 함께 상의로 입고 나왔기 때문이다.

본질적인 문제는 하의를 입었느냐 입지 않았느냐가 아니다. 중요한 것은 '하의 실종' 스타일의 옷을 통해 그녀는 무엇을 보여주려 했고 또 거기서 사람들은 무엇을 보고 싶어했느냐다.

의복을 통한 노출에는 특정 부위의 맨살을 그대로 드러내거나, 얇게 비치는 옷감을 이용하여, 혹은 옷을 몸에 밀착시킴으로써 신체를 드러내는 방법이 있다. 속살을 그대로 드러내는 방법이 가장 직접적이면서 단순하다. 좀더 세련된 방법은 아주 얇고 가벼운 옷감을 이용하는 것인데 이는 직조 기술이

뒷받침되지 않으면 어렵다. 옷을 몸에 밀착시키는 방법 역시 재단이나 봉제 기술이 발달하지 않으면 어렵다. 얇고 가벼운 옷감을 이용하거나 옷을 몸에 딱 붙게 하여 신체를 드러내는 것은 맨살을 그대로 드러내는 것보다 훨씬 섹슈얼리티를 강조하는 방법이다.

조선시대 여인들이 새롭게 만들어낸 저고리를 보자.

〈연소답청年少踏靑〉의 여인은 왼팔을 머리 뒤로 올리고 있다. 저고리 밑으로 넓은 치마허리가 그대로 유지되어 가는 허리를 강조한 것처럼 보인다. 그러나 이는 순간이다. 허리로 간 시선은 이내 저고리와 치마허리 사이로 옮겨 간다. 작은 움직임에도 치마허리가 가슴 아래로 내려온다. 단단히 묶은 치마허리는 가슴을 받치는 와이어wire 기능을 한다.

저고리의 길이뿐 아니라 품도 아주 작아졌다. 〈청금상련聽琴賞蓮〉의 여인이 입은 저고리는 섶이 밖으로 접혀 있다. 옷감이 얇아 말린 것이기도 하지만 품에 여유가 없이 딱 맞게 입었기 때문이다. 어깨와 앞품에도 주름이 져 있다. 고름으로 단단히 묶지 않으면 저고리만으로는 앞가슴을 가릴 수도 없다.

그렇다고 노골적으로 가슴을 드러내려 했던 것은 아니다. 저고리의 길이가 짧아지고 품이 작아진 결과일 뿐이다. 이렇게 되자 가슴을 가리기 위해 치마의 끝자락을 바짝 걷어올려 가슴 쪽에 갖다붙이는 방법을 고안했다.

그러나 과연 가슴을 가리기 위해 치마를 걷어올린 것일까? 이 새로운 착장법은 젖가슴은 가렸을지 몰라도 타인의 시선을 여전히 가슴에 붙들어놓

(왼쪽) **신윤복, 〈연소답청〉(부분), 간송미술관 소장**
(오른쪽) **신윤복, 〈청금상련〉(부분), 간송미술관 소장**
(아래) **신윤복, 〈전모를 쓴 여인〉(부분), 국립중앙박물관 소장**

는다. 〈전모를 쓴 여인〉을 보자. 저고리와 치마 사이로 여전히 가슴 일부가
드러나 있다. 이 여인은 어떤 심정이었을까? 다 드러낼 수도 없고 그렇다고
다 가릴 수도 없는 심정 아니었을까?

무엇을 보여주고 무엇으로 가릴 것인가

23

짧아지고 작아진 저고리

본래 우리나라 여성의 저고리는 엉덩이 근처까지 내려오는 서양의 재킷 길이 정도였다. 그러다 조선시대에 들어와 서서히 짧아지기 시작하여 허리를 살짝 덮는 정도가 되었고 조선 후기에 접어들며 더욱 짧아지더니 1920년경에는 19센티미터 내외로 어깨선에서 겨드랑이까지의 폭인 진동보다도 짧아졌다.[3] 이는 성인 남자의 한 뼘보다도 짧은 것이다. 품은 또 어떠한가. 저고리의 앞품은 뒤품보다 커야 한다. 그래야 가슴을 덮을 수 있다. 그래서 생긴 것이 섶인데 섶을 달아도 여전히 앞가슴이 벌어질 정도였다.

'창피하다'라는 우리말이 있다. 이는 옷에 띠를 매지 않은 모양을 일컫는다고 했으니 옷에 띠를 매지 않았다면 반드시 풀어 헤친 모습일 것이다. 옛날에는 대대大帶라고 하는 큰 띠가 있었고 가죽으로 만든 혁대革帶도 있었으며 여러 가닥의 끈목으로 만든 실띠絛帶도 있었다. 이들은 모두 큰 옷을 여미기 위해 사용된 것으로 처음에는 모두 둘러 묶는 것이었다.[4]

저고리가 짧아지자 허리띠 대신 고름이 생겼다. 고름은 허리띠와 같이 앞가슴이 벌어지지 않도록 여며주는 역할을 한다. 그러니 고름은 '창피하지' 않게 해주는 안전장치인 것이다. 그러나 짧아지고 작아진 저고리의 안전장치가 얼마나 큰 역할을 했을지는 의문이다.

소매통은 어떠한가? 팔뚝의 굵기를 확인할 수 있을 정도로 팔에 꼭 낀다. 겨드랑이에서 소매 끝까지 생긴 주름을 보면 얼마나 꼭 맞았는지 알 수 있다. 시간이 흐르며 저고리의 길이는 얼마나 짧아졌는지, 품은 얼마나 작아졌는지, 그리고 소매통은 얼마나 꼭 맞았는지 그 변화를 구체적으로 살펴보자.

엉덩이를 덮는 저고리

고구려 고분벽화에서 볼 수 있는 저고리의 길이는 엉덩이를 살짝 덮는 정도다. 이는 각저총, 삼실총, 쌍영총, 장천1호분, 수산리 고분벽화에 등장하는 여인들의 모습에서 확인된다. 먼저 각저총 여인의 저고리는 엉덩이까지 내려와 있다. 깃과 소매 끝, 길의 가장자리인 도련에는 별도의 단장식인 연緣을 두르고, 처음 옷감을 짰을 때의 소색素色 바탕에 약간 긴 타원형 점무늬 장식을 했다. 그리고 허리에는 가는 실띠를 둘렀다. 삼실총 여인의 저고리도 역시 엉덩이까지 내려오는 길이다. 모두 공수拱手를 하고 있어 각저총 벽화 이외에는 허리에 두른 대의 모습을 확인할 수 없다.

장천 1호분의 여인을 보면 저고리 오른쪽 앞길로 왼쪽 앞길을 덮어 여미는 교임交衽의 모습이 확인된다. 이럴 경우 허리띠로 여며 입지 않고는 앞가슴이 벌어져 그야말로 '창피한' 상황이 되고 만다. 고구려 고분벽화 속 여인들의 저고리는 오른쪽으로 여며 입는 우임右衽의 공통된 양식을 갖고 있으며, 깃, 소매 끝, 도련에는 모두 단장식인 연을 둘렀다. 쌍영총의 여인은 깃과 도련에 연을 둘렀는데 소매 끝에는 이중으로 대어 장식성이 강하게 드러난다.

소매의 모양을 보면 모두 넓고 길다. 공수를 한 모습에서 소매에 그려넣은 주름을 보면 길이가 얼마나 긴지 가늠할 수 있다. 수산리 벽화의 여인이

고구려 고분벽화 속 여인들의 저고리 | 왼쪽 위부터 시계 방향으로
각저총, 삼실총, 쌍영총, 장천 1호분, 수산리 고분벽화.

입은 저고리는 소매 끝이 흰색이다. 소매의 연장인지 속옷이 나온 것인지는

알 수 없으나 소매에 그려넣은 선으로 보아 역시 넉넉하고 길 것이라 짐작

된다.

고구려 고분벽화 속 여인들의 저고리에서는 무게감이 느껴진다. 저런 저고리들로 신체를 드러내기는 다소 무리다.

살랑살랑 비치는 저고리

당나라 여인의 저고리를 보자. 그림 뒤쪽의 여인은 우리나라의 색동처럼 쪽을 댄 치마를 입고 있다. 이 여인의 아래팔을 보면 팔뚝에 주름이 져 있다. 신축성 없는 옷감으로 만든 옷을 딱 맞게 입으면 자동적으로 생기는 주름이다. 앞쪽의 여인은 주름이 곱게 잡힌 긴치마를 입고 있다. 가슴에는 길고 흰 치마끈이 달려 있다. 이 여인도 팔을 보면 얇은 옷이 팔뚝에 밀착되어 있다.

두 여인 모두 어깨에 천을 둘렀다. 어깨에 두른 천을 중국에서는 영건領巾 또는 피백帔帛이라고 한다. 우아하게 흘러내리는 피백의 주름을 보면 옷감이 얼마나 얇고 부드러운지 알 수 있다. 벽화라서 성당盛唐 여인 토용土俑에 비해 주름의 표현이 훨씬 자연스럽다.

통일신라시대 여인 토용은 저고리 위로 치마를 입었다. 이러한 복식구조는 당唐의 영향을 받으면서 생긴 것이다. 이때 가장 큰 변화는 저고리의 직물이다. 저고리를 치마 속에 넣어 입기 위해서는 기본적으로 옷감이 얇아야 한다. 두꺼운 저고리를 치마 속에 넣어 입기는 투박하고 불편하기 때문이다. 따라서 통일신라시대 저고리 옷감은 삼국시대에 비해 현저히 얇았을 것으로 짐작된다.

신발 위로 흘러내리는 치마가 신발 안쪽으로 들어간 모습을 통해서도 옷

(왼쪽) 당나라 여인의 저고리
(가운데) 성당(盛唐) 여인의 저고리. 산시 성(陝西省) 시안(西安) 출토 토용
(오른쪽) 통일신라시대 여인의 저고리. 용강동 출토 토용

감이 얼마나 얇은지 확인할 수 있다. 다소 투박해 보이지만 당나라의 토용과

비교해볼 때 복식에 차이가 없을 것으로 판단된다.

소매를 보면 옷감이 얼마나 얇은지 더 명백히 알 수 있다. 이 여인의 어깨

에서 팔뚝까지 흘러내려온 것을 표(裱)라고 한다. 표의 용도는 얇은 저고리로

인해 훤하게 비치는 속살을 가리기 위한 것이었다. 그러나 표 역시 아주 얇

은 옷감으로 만든다. 목 뒤에서 어깨를 거쳐 소매로 내려오는 얇은 표는 안

쪽의 저고리와 포개어져 아른거리기도 하고 치마의 여러 가지 무늬를 언뜻 언뜻 비치게도 하면서 시선을 집중시킨다. 착장법의 변화로 옷감이 얇아졌는지, 직조 기술이 발달함에 따라 옷감이 얇아져 착장법이 변했는지 그 선후 관계는 알 수 없다. 그러나 중요한 것은 신체를 드러내는 얇은 옷감 위로 드리운 표가 신체를 가리지 않았고, 길고 넓은 표를 통해 여성의 우아함이 강조되었다는 점이다.

허리띠는 사라지고

고려시대에는 다시 치마 위로 저고리를 입었다. 저고리의 모습이 삼국시대와 다르다. 특징적인 것은 허리를 묶는 띠가 없어졌다는 점이다. 아직 허리띠가 없어도 될 만큼 저고리 길이가 짧아진 것은 아니다.

유행은 돌고 돈다고 한다. 그러나 똑같은 스타일로 도는 것은 아니다. 무언가 변화가 생긴다. 치마 위로 저고리를 입은 모습은 삼국시대와 큰 차이가 없다. 다만 깊은 여밈과 소매 아래로 보이는 주름을 통해 직물이 삼국시대와 달라졌음을 알 수 있다. 부드럽게 떨어지는 실루엣이 그 변화를 말해준다. 고려 불화 〈수월관음도水月觀音圖〉에 보이는 여인의 저고리는 이전과 다른 스타일이다. 부드러운 느낌에 허리를 살짝 덮는 길이다. 허리띠가 없어지고 대신 겨드랑이 아래 고름으로 저고리를 묶자 앞품이 잡아당겨져 가로로 주름이 생겼다. 더욱이 겨드랑이 아래 옆선이 터져 있다. 옆선을 터놓았다는 것은 품이 넉넉지 않다는 뜻이다. 삼국시대부터 이어져온 헐렁한 저고리의 길이가 짧아지면서 품도 작아졌으리라 짐작된다. 소매는 여전히 길고 넓다. 부드러운 옷감으로 만들었기에 소매가 자연스럽게 흘러내리는 모습이 주름으로 표현되었으며 손이 보이도록 소매를 걷어올려 팔뚝에 주름이 더 많이 보인다. 이 그림은 허리띠가 고름으로 변하는 과정을 보여주는 중요한 자료다.

1992년 해인사 목조비로자나불좌상木造毘盧遮那佛坐像을 개금불사改金佛事할 때 발견된 저고리는 모시 적삼으로 길이는 허리까지 오며 품은 작아 보인다. 옆선이 21센티미터가량 터져 있는 것으로 보아도 품이 그리 넉넉지 않음을 알 수 있다. 흥미로운 것은 섶이 붙어 있다는 점이다.

깃은 목둘레선을 마감하기 위해 단 것으로 보인다. 이는 적삼의 특징일 수도 있다. 홑으로 된 적삼의 깃 부분을 약간 둥글게 잘라내고 나면 그 부분이 쉽게 풀리기 때문이다. 소매는 여전히 길고 넓다. 그러나 고려시대의 저고리는 이미 조선시대의 저고리와 같은 길과 소매를 중심으로 깃, 섶, 고름의 형태를 갖추기 시작했다.

저고리의 이모저모

조선시대에 들어오자마자 저고리의 길이가 짧아진 것은 아니다. 조선 초기에는 짧은 저고리와 긴 저고리가 공존했다. 하지만 전통사회에서 패션이 변화하고 있었다는 것은 감지할 수 있다. 14세기 송은松隱 박익朴翊, 1332~1398 묘 벽화에서 보이는 저고리는 여전히 엉덩이까지 내려오는 길이

작자 미상, 〈수월관음도〉(부분),
일본 다이토쿠 사(大德寺) 소장.

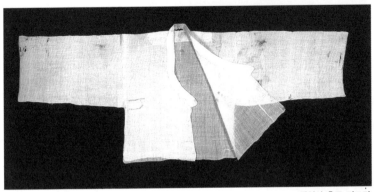

해인사 출토 저고리

(위) **송은 박익 묘 벽화(부분),**
경남 밀양시 청도면 고법리

(아래) **작자 미상, 〈조반 부인 초상〉,**
국립중앙박물관 소장

다. 여밈이 깊은 것과 옆선이 터져 있는 것은 고려시대의 저고리와 같다. 이 그림에서 확실하게 볼 수 있는 특징 중 하나는 깃이 이중 깃의 형태이며 섶이 보인다는 것이다. 이중 깃은 고려시대 남자들의 상의인 포袍에 자주 등장하는 디자인 요소다. 여성의 저고리에서는 그 모습을 보기가 어려웠는데 박익 묘의 그림에서 확인되는바 고려시대 여성들의 상의도 이중 깃으로 되어 있었다고 판단된다. 이중 깃의 형태가 박익 묘에서 보이는 것은 고려시대 깃 디자인의 연장선상에서 이해할 수 있다. 섶은 해인사 불복장佛腹藏에서 나온 모시 적삼에서도 볼 수 있는바 여성의 저고리에 섶이 있었던 것은 분명하다. 유행에는 늘 오버랩되는 부분이 있기 때문이다.

조반趙胖 부인이 입은 저고리의 길이는 허리를 살짝 덮는 정도이며,(14세기) 〈호조낭관계회도戶曹郎官契會圖〉 속 여인의 저고리는 이보다 더 짧아졌다.(16세기) 〈책 읽는 여인〉의 저고리는 허리선보다 약간 올라가 있고 허리에는 치마끈이 보인다(18세기). 저고리의 길이가 서서히 짧아져 드디어 허리선 위로 올라간 것이다. 이렇게 치마허리가 보일 정도로 저고리 길이가 짧아지기까지는 무려 4000여 년이 걸렸다.

처음 시도하는 것이 어렵지 일단 변화의 물꼬를 트고 난 여인들은 어떻게 하면 옷을 예쁘게 입을까 고민했을 것이다. 저고리의 길이는 급속도로 짧아졌으며, 디자인도 다양해졌다.

시기별 저고리의 형태를 보자. 먼저 16, 17세기 저고리의 길이는 48센티미터 내외로 허리선까지 내려오는 정도다. 18세기 저고리는 23센티미터, 19세기 저고리는 채 20센티미터가 되지 않는다.

각각의 저고리는 길이만 다를 뿐 형태는 비슷하다. 길에는 깃과 섶이 달려 있

(위) **작자 미상, 〈호조낭관계회도〉(부분),**
국립중앙박물관 소장

(아래) **윤덕희, 〈책 읽는 여인〉,**
서울대학교박물관 소장

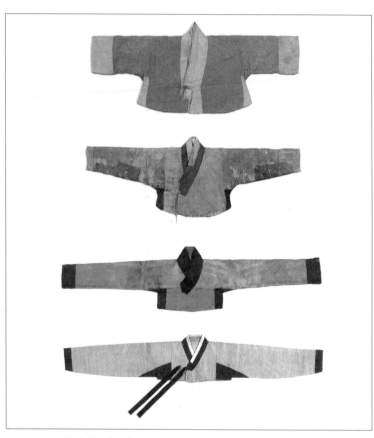

저고리 길이의 변화 | 위에서 아래로 16세기, 17세기, 18세기, 19세기의 저고리.

고, 길과 소매를 연결하는 부분에는 겨드랑이 안쪽에 회장回裝을 댄 곁마기가 있으며, 가슴을 여미기 위한 고름이 달려 있다. 그러나 세부적으로 보면 깃의 모양, 섶과 곁마기의 크기 등이 각각 다르다.

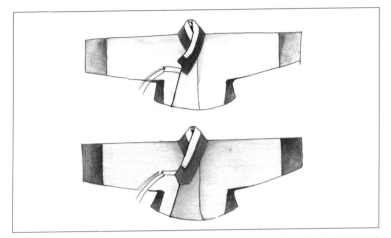

옷은 시각적 효과가 가장 큰 사물 가운데 하나다. 사람이 일반적으로 타인을 인식하는 데 걸리는 시간은 5초라고 한다. 우리는 옷을 통해 누군가를 기억하기도 하고, 유니폼을 통해 소속감을 드러내기도 한다.

조선시대에 어떤 깃을 단 저고리를 입었는가 또는 어떤 모자를 썼는가는 소속을 알 수 있는 가장 직접적인 단서였다. 1684년숙종 10은 서인이 노론과 소론으로 분열된 시점이다. 노론가와 소론가에서는 복식을 통해 당색을 드러내려 했다.

저고리의 경우 가장 눈에 잘 띄는 부분이 깃이다. 노론가에서는 깃머리를 둥글게 하고 당코저고리 깃의 뾰족하게 내민 끝를 약간 깊게 만들었으며, 소론가에서는 깃머리를 모나게 하고 당코를 깊게 파지 않는 대신 삼각형으로 뾰족

깃 모양의 변화 | 왼쪽 위부터 시계 방향으로 목판깃(16세기), 목판깃의 변형(16세기), 목판 당코깃(17세기), 목판당코깃의 변형(18세기), 당코깃(19세기).

하게 만들었다.[5] 또한 고름으로도 구분을 지었는데 노론가에서는 고름을 깃과 섶 사이에 단 반면, 소론가에서는 깃의 끝부분에 달았다.

구체적으로 저고리의 각 부분이 어떻게 변화했는지 살펴보자. 먼저 깃의 모양이다. 16세기의 저고리는 섶 밖으로 빠져나온 부분이 네모난 모양으로 되어 있는데 이를 목판깃이라고 한다. 섶 밖으로 완전히 빠져나와 있는 목판깃도 있다. 17세기에는 섶 위에 앉혀졌다. 이후 시간이 지나면서 밖으로 빠져나와 있던 네모난 목판깃은 모서리를 만들면서 일명 당코깃의 형태로 변한다. 당코깃은 디자인의 변화이면서 정치적 의미에서의 변화이기도 하다. 17세기에는 당코깃의 형태가 많이 보인다. 18세기에도 여전히 목판당코깃

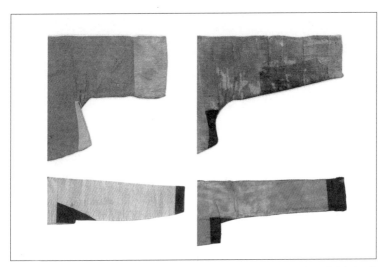

곁마기의 변화 | 왼쪽 위부터 시계 방향으로 16세기, 17세기, 18세기, 19세기의 저고리.

이 인기를 끌었다. 19세기에는 깃머리 부분이 둥근 형태로 바뀌기도 한다. 둥그레깃 등 또다른 깃 모양도 나타난다. 19세기에는 저고리의 길이 자체가 극단적으로 짧아졌기 때문에 깃의 크기도 이전 시기에 비해 작아졌다.

다음으로 곁마기의 모양을 보자. 곁마기가 생긴 것은 16세기다. 처음에 곁마기는 옆선에만 붙어 있었으며, 이는 품을 늘리기 위한 목적이었던 것으로 보인다. 그러나 점차 디자인의 한 요소로 자리잡으며 17세기 후반부터는 옆선에서 겨드랑이까지 곁마기의 영역이 확장되었다. 19세기에는 옆선에서 진동 위로 올라와 소매의 약 3분의 1 선까지 확장됨으로써 가는 소매가 더욱 가늘어 보이는 효과가 나타났다.

소매 끝 부분에 별색別色으로 댄 천이 끝동이다. 삼국시대부터 대기 시작한 끝동은 조선시대에도 여전히 유행했다. 다만 끝동의 나비는 소매의 길이와 넓이, 소매통의 모양 등과 조화를 이루며 조절되었다. 조선시대에는 끝동의 색으로 옷을 입은 사람의 가정 형편까지도 알 수 있었다. 예를 들어 남색 끝동은 아들이 있음을 은근히 자랑하기 위한 것이었다(물론 늘 그랬던 것은 아니다. 남색 끝동을 단 조선시대 기생의 모습을 자주 볼 수 있기 때문이다).

끝으로 고름을 보자. 고름은 저고리가 짧아지면서 생긴 것으로 처음에는 가늘고 짧은 끈을 이용하여 앞을 여몄다. 16세기 후반 순천 김씨 무명 겹적삼에 달린 고름을 보면 그 목적이 앞을 여미기 위한 것이었음을 극명하게 알 수 있다. 17세기에도 그 의미는 크게 변하지 않았다. 다만 구례 손씨 묘에서 출토된 저고리는 솜저고리로 고름의 너비가 약간 넓어졌다. 이는 옷의 무게감을 감당하기 위해 필요했던 조치일 것이다. 무명 겹적삼을 여밀 때보다 솜저고리를 여밀 때 고름의 힘이 더 필요할 것이기 때문이다. 시간이 흐르면서 고름의 위상도 달라졌다. 장식적인 역할을 하면서

고름의 크기 변화 | 왼쪽 위부터 시계 방향으로 순천 김씨 무명 겹적삼, 구례 손씨 명주 솜저고리, 옥색 누비 삼회장저고리.

저고리 색과 대비되는 색상으로 달리기 시작했으며, 크기도 다양해졌다. 옥색 누비 삼회장저고리와 같이 고름이 디자인의 포인트 역할을 하게 되자 저고리의 길이가 극도로 짧아졌음에도 오히려 고름은 더 넓고 길어졌으며 색상 또한 강렬해졌다. 특히 여인들은 금실을 과시하는 의미로 자주색 고름을 활용하기도 했다.

젊음의 상징, 가슴

유방은 여성에게 주어진 최고의 성적 무기이자 쾌락과 생식 능력의 상징이다. 그러나 가슴이 여성성을 대표하는 신체 부위 중 하나로 자리매김한 이후에는 이를 억압하려는 경향이 두드러졌다.

서양에서는 14세기 중반부터 몸을 인식한 의상 스타일이 등장하여 패턴

(왼쪽) 한스 홀바인, 〈제인 시모어의 초상〉, 빈 미술사박물관 소장
(오른쪽) 페테르 파울 루벤스, 〈수잔 푸르망의 초상〉, 런던 내셔널 갤러리 소장

(왼쪽) 엘리자베스 루이즈 비제 르브룅, 〈장미를 든 마리 앙투아네트〉(부분),
베르사유 프티 트리아농 궁 소장

(오른쪽) 송수거사, 〈미인도〉(부분), 온양민속박물관 소장

을 몸에 맞게 만들기 시작했다. 그러나 16세기까지도 가슴의 존재는 인정하지 않으려 했다. 〈제인 시모어의 초상〉에서는 목과 가슴, 어깨를 드러내기 위해 목둘레를 네모나게 판 사다리꼴의 데콜테décolletée를 볼 수 있다. 그러나 데콜테의 외형이 뚜렷하게 형성된 것은 아니다. 오히려 가슴을 억압하고 납작해 보이게 하기 위해 외형선을 드러내지 않았다. 당시에는 평면적인 가슴이 이상적이라고 생각했다. 크고 풍만한 가슴은 하층계급을 연상시켰고, 바람직하지 않고 나이 든 사람, 조악하고 대단히 부도덕한 것들과 연관되었다.[6]

그러나 17세기 중반 새로운 스타일이 등장했다. 〈수잔 푸르망의 초상〉에서와 같이 풍만하고 탄탄한 가슴이 매력적이라고 인식된 것이다. 18세기

에는 또다른 미의식이 표현되었다. 이 시기에는 마리 앙투아네트Marie Antoinette, 1755~1793의 옷에서 볼 수 있듯이 가슴을 자연스럽게 드러내려 했는데, 데콜테 라인이 강조된 로브였다. 쇄골과 가슴의 골을 드러낸 이 라인은 당시 프랑스를 비롯한 서유럽에서 유행했고, 여성의 가슴은 젊음과 아름다움의 상징이 되었다.

작자 미상, 〈미인도〉(부분), 동아대박물관 소장

우리나라 여성의 경우는 어땠을까?

송수거사松水居士의 〈미인도〉를 보자. 치마와 연결된 넓은 치마허리가 저고리 밑으로 허리선 부근까지 닿아 있다. 그러나 살짝 가슴이 보인다. 특히 왼쪽 겨드랑이 아래로 늘어뜨린 붉은색 안고름은 가슴으로 시선을 유도한다. 가슴을 숨기려 했는지 드러내려 했는지 정확히 알 수가 없다.

붉은색 안고름과 함께 살짝 드러난 속살은 노골적으로 드러낸 가슴보다 섹시할 뿐 아니라 호기심을 불러일으킨다. 속살이 보일락 말락 하는 길이의 저고리와 움직임에 따라 흘러내린 치마허리가 의도하지 않은 듯 계획된 가슴 노출을 불러온 순간이다.

작자 미상의 〈미인도〉에서 저고리 밑으로 드러난 진분홍색 젖꼭지는 젊음을 상징하며,[7] 치마 위로 불거져 나온 유방은 노골적으로 드러낸 것보다

신윤복, 〈계변가화〉, 간송미술관 소장

성적 매력을 훨씬 더 강하게 불러일으킨다. 탱탱하고 둥근 가슴은 여성성을 표현하기에 전혀 부족함이 없다.

신윤복의 〈계변가화溪邊佳話〉에서는 활을 든 한 남자가 고개를 돌려 무언가를 응시하고 있다. 무엇을 보고 있는 것일까? 남자의 시선은 정확하게 머리를 땋는 여인의 가슴에 꽂혀 있다. 남자의 무조건반사 아니겠는가?

모든 남성이 이러한 스타일을 곱게 본 것은 아니다. 이덕무李德懋, 1741~1793는 저고리를 보고 요사스럽다 하여 '요복妖服'이라 평했다. 여기서

'요'라는 글자가 재밌다. 이는 '아리따울 요' 자이면서 동시에 '괴이할 요' 자다. 그러니 누가 입느냐에 따라 저고리는 아리따울 수도 있고 요사스러울 수도 있다.

이덕무는 『청장관전서青莊館全書』에 옛날 여자의 옷은 대체로 넉넉했다고 기록했다.

일찍이 어른들의 말을 들으니, 옛날에는 여자의 옷을 넉넉하게 만들었기 때문에 시집올 때 입었던 옷을 소렴小殮할 때 쓸 수 있었다 한다. 산 사람, 죽은 사람, 늙은 사람, 젊은 사람은 체격의 대소가 동일하지 않으니, 그 옷이 좁지 않았음을 알 수 있다. 지금은 그렇지가 않다. 새로 생긴 옷을 시험 삼아 입어보았더니, 소매에 팔을 꿰기가 몹시 어려웠고 한번 팔을 구부리면 솔기가 터졌으며, 심한 경우에는 간신히 입고 나서 조금 있으면 팔에 혈기가 통하지 않아 살이 부풀어 벗기가 어려웠다. 그래서 소매를 째고 벗기까지 하였으니 어찌 그리도 요망스런 옷일까. 대저 복장에 있어서 유행이라고 부르는 것은 모두 창기娼妓들의 아양 떠는 자태에서 생긴 것인데, 세속 남자들은 그 자태에 매혹되어 그 요사스러움을 깨닫지 못하고 자기의 처첩妻妾에게 권하여 그것을 본받게 함으로써 서로 전하여 익히게 한다.[8]

소렴이란 죽은 사람을 씻긴 후 3일째 되는 날 옷을 입히는 의식이다. 여기서 눈여겨봐야 할 점은 옷이 커야 한다는 것이다. 사람이 죽으면 몸이 더

커지고 뻣뻣해져 옷을 입히기 어렵기 때문이다. 더욱이 시신을 함부로 움직일 수도 없으니 수의는 커야 했다. 따라서 가진 옷 중에 크고 깨끗한 옷이 있으면 별도로 수의를 만들 필요가 없었던 것이다. 이는 저고리의 크기가 작아지기 이전의 일이다.

이덕무와 달리 보통 남자들은 그 자태에 매혹되어 처첩에게 짧은 저고리를 권했다. 이때 '요복'은 아리따운 옷이 된다. 많은 사람들이 입어 눈에 익으면 더이상 이상한 옷, 괴상한 옷이 아니다. 처음에는 누가 그런 옷을 입을 수 있겠냐 하지만 어느 순간 자신도 그 옷을 입고 있는 것, 이것이 바로 유행 아니겠는가.

실제로 성호 이익은 여인들의 의복 변화를 유행으로 이해하고 감상했다.

말세가 되니, 부인의 의복이 소매는 좁고 옷자락은 짧은 것이 요사한 귀신에게 입히는 것처럼 되었다. 나는 이런 것을 비록 좋게 여기지 않으나 대동으로 되어가는 풍속에는 또한 어쩔 수 없겠다. (…) 부인의 의복이란 오직 고운 맵시를 귀하게 여겨서 가는 허리를 남에게 자랑해 보이려고 한다. 이러므로 위의 옷이 밑의 치마에 덮이지 않도록 하기 위해서 우리나라도 중국 풍속과 마찬가지로 그 제도가 그렇게 되었던 것인가?[9]

여인들의 의복 변화에 대해 대동大同으로 가는 풍속을 어쩌겠는가라고 하며 이익은 자신이 통제할 수 있는 일이 아니라 여겨 한 발짝 물러나 작금의 세태를 바라보았을 뿐이다.

조금씩만 새롭게

유행은 새로움의 산물이지만 사람들은 완전히 새로운 것을 원하지는 않는다. 옷 또한 마찬가지다. 이전과 전혀 다른 스타일의 옷에 사람들은 낯설어하며 쉽게 접근하지 못한다. 그래서 전체가 아니라 일부가 시대에 맞게 변화한다. 유행은 돌고 돈다고 한다. 이는 복고復古를 의미한다. 그러나 복고는 옛것 그대로 돌아가는 것이 아니라 옛것을 약간 변화시키는 것이다.

치마는 삼국시대 이후 큰 변화 없이 오랫동안 사랑을 받아왔다.

치마는 여러 폭으로 연결된 길과 치마허리 그리고 허리끈으로 구성되어 있다. 이는 삼국시대 이후 지금까지도 거의 변화가 없다. 시대에 따라 디자인만 조금씩 변했다. 치마폭은 얼마나 붙였는지, 치마폭을 올이 풀리지 않게 짠 식서飾緖 방향으로 마름질했는지 아니면 드레이퍼리가 많이 생기도록 어슷끊기를 했는지, 치마폭에 무늬를 넣었는지, 넣었다면 어떤 무늬인지, 선을 둘

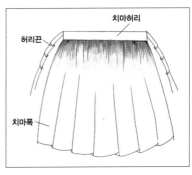

치마 구성도

렀는지, 둘렀다면 무슨 색으로 둘렀으며 그 나비는 얼마나 되는지 등이 바로 디자인 요소다. 치마허리와 허리끈의 나비 또한 마찬가지다. 시대에 따라 치마의 디자인이 어떻게 변화했는지 살펴보자.

주름치마, 색동치마 다양하구나

삼국시대 우리나라의 대표적인 하의는 바지인 고袴였다. 하체를 완전히 가려주는 고는 남녀가 모두 입었다. 그러다 여자의 고는 치마 안에 받쳐 입는 속곳이 되었으며, 치마인 상裳을 그 위에 입었다.

상은 여자의 하의로 『설문해자說文解字』에서는 "상은 하군下裙으로 군은 원래 가리고 덮기 위하여 착용하는 것이다"라고 했다. 상은 군과 같으며 지금의 치마를 일컫는다. 상에는 선을 둘러 치장을 했는데 『북사北史』「열전列傳」 고구려전에는 부인의 저고리인 유襦와 군에 선을 가했다는 기록이 있으며, 『삼국사기』에는 진골에서 평인에 이르기까지 여자들이 착용한 내상內裳과 표상表裳에 사용된 옷감이 기록되어 있다. 두 개의 홑치마를 하나는 안에 입고 다른 하나는 겉에 입었다. 또 『구당서舊唐書』 고구려전에도 춤추는 여인이 황군黃裙을 입었다는 기록이 있다. 실제 고구려 고분벽화에는 다양한 형태의 치마가 보인다.

그중 대표적인 것은 주름치마다. 길이는 바닥에 닿는 것도 있고 안에 입은 바지가 보일 정도인 것도 있다. 허리부터 밑단까지 곱게 주름을 잡은 치마, 잘게 주름을 잡고 밑단에 선을 두른 치마, 그리고 여러 색깔의 천을 이어

**왼쪽 위부터 시계 방향으로
장천 1호분, 쌍영총, 삼실총, 무용총 벽화의 주름치마**

붙인 색동치마도 있다.

　수산리와 덕흥리 고분벽화에는 색동치마가 보인다. 덕흥리 고분벽화의
여인이 입은 것과 같이 허리 쪽으로 가면서 좁게 마름질하여 천을 이어붙인
치마는 아래로 내려갈수록 퍼지는 에이라인A-line의 실루엣을 만든다. 이런
치마를 고어드스커트gored skirt라고 한다.

**왼쪽 위부터 시계 방향으로 수산리 고분벽화의 색동치마,
덕흥리 고분벽화의 색동치마, 덕흥리 고분벽화의 고어드스커트**

우리나라의 색동치마는 당시 일본에도 영향을 주어, 다카마쓰고분高松塚

의 벽화에서 색동치마를 볼 수 있다. 색동치마는 7~8세기 동아시아인들의

보편적 미의식을 드러낸다고 볼 수도 있는데, 8세기 당묘 벽화와 서역의 아

스타나에서 출토된 목조상에서도 찾아볼 수 있기 때문이다.

　이외에도 삼국시대에는 다양한 치마가 있었다. 안악 3호분에 그려진 치

(위) 다카마쓰고분 색동치마(왼쪽)와 산시(陝西) 여릉공주(廬陵公主) 묘 색동치마(오른쪽)
(아래) 산시(陝西) 싼위안(三原) 이수(李壽) 묘 색동치마(왼쪽)와
아스타나 출토 목조상의 색동치마(오른쪽)

마는 바탕에 점무늬가 있고 선을 두른 치마는 밑단이 물결치듯 곡선으로 되
어 있다. 이런 치마는 플레어스커트flared skirt라고 한다. 밑단이 물결치듯 곡
선이 되려면 어슷끊기 재단을 해야 한다. 옷감은 세로 올인 날실과 가로 올
인 씨실로 구성된다. 옷을 마름질하려면 올의 방향을 맞춰야 한다. 마름질은
세로 올로 된 식서 방향으로 하는 것이 기본이지만 어슷끊기 방향으로 재단

을 하면 밑단에서 자연스럽게 주름이 생긴다.

내상과 표상의 시작

통일신라시대에는 신분이 높은 경우 치마를 겹쳐 있었다. 4두품 여성에게는 내상이 없는 것으로 보아 치마를 겹쳐 입었다는 것은 곧 신분이 귀하다는 뜻이다. 5두품 이상이라 해도 신분에 따라 사용할 수 있는 직물이 달랐다. 5두품 여성은 표상으로 계수금闋繡錦, 야초라野草羅, 세라繐羅, 금은니金銀泥, 협힐夾纈을 사용할 수 없었으며, 내상으로는 계수금, 야초라, 금은니, 협힐을 사용할 수 없었다. 6두품 여성은 표상으로 계수금라, 세라, 야초라, 금은니, 협힐을 사용할 수 없었으며, 내상으로는 계수금라, 야초라를 사용할 수 없었다. 계수금라와 야초라는 진골 여성만 쓸 수 있는 최고급 직물이었으며, 신분에 따라 내상의 직물과 외상의 직물을 나누었다. 그러나 복식금제服飾禁制가 제대로 시행되지 않자 834년홍덕왕 9 흥덕왕은 사치가 극심하여 법을 어기는 자는 형벌에 처하겠다는 교서를 내린다.

"사람은 상하가 있고 지위는 존비가 있어서 그에 따라 호칭이 같지 않고 의복도 다른 것이다. 그런데 풍속이 점차 경박해지고 백성들이 사치와 호화를 다투게 되어 오직 외래 물건의 진기함을 숭상하고 도리어 토산품의 비야鄙野함을 혐오하니 신분에 따른 예의가 거의 무시되는 지경에 빠지고 풍속이 쇠퇴하며 없어지는 데까지 이르렀다. 이에 감히 옛 법에 따라 밝은 명령을

펴는 바이니 혹시 고의로 범하는 자가 있으면 진실로 일정한 형벌이 있을 것이다"[10]

이로써 당시 치마를 만드는 데 사용한 옷감이 화려했을 뿐 아니라 신분에 맞지 않는 사치가 극심했음을 알 수 있다. 치마를 내상과 표상으로 겹쳐 입은 것은 얇은 직물이 흘러내리는 데 따른 맵시를 최대한 살리기 위해서였다. 통일신라시대 토용을 보면 삼국시대와 달리 치마를 가슴 위까지 올려 입었다.(본문 28쪽 참조) 이는 옷감이 얇고 부드러웠기에 가능한 착장법이다.

언제나 사랑받는 주름치마

송나라 사신 서긍徐兢이 쓴 『고려도경高麗圖經』을 보면 여자의 치마는 복색服色에 귀천이 없다고 했다. 가을과 겨울에는 황견으로 된 여덟 폭의 치마를 겨드랑이까지 올려 입고, 특히 주름이 많은 옷을 좋아하여 부귀한 자들의 처첩은 치마를 만드는 데 비단 7, 8필을 쓴다고 했다. 주름이 많은 폭 넓은 치마는 고려시대에도 널리 유행했다. 특히 귀부녀는 누른빛을 띤 녹색의 감람빛이 나는 넓은 허리띠로 장식을 하고, 채색 끈에 금방울을 달기도 했다. 또 비단으로 만든 주머니인 향낭香囊을 차는 등 치마에 장식을 많이 했는데 이는 삼국시대와 다른 점이다. 채색 끈에 단 금방울과 향낭은 장식을 넘어 소리와 냄새까지도 디자인 요소로 만든다.

고려시대 치마의 착장법은 크게 두 가지로 나뉜다. 하나는 삼국시대와 같

(왼쪽) 고려불화 속의 주름치마
(오른쪽) 둔마리 고분벽화 속의 주름 없는 치마

이 저고리 위에 치마를 입는 것이고 다른 하나는 치마 속에 저고리를 넣어 입는 것이다. 여기서 눈길을 끄는 것 중 하나가 허리끈이다. 허리끈은 일부러 길게 만들 필요가 없는데도 치마와 색을 달리해 아래로 길게 늘어뜨려 시각적으로 치마를 분할하며 활력을 불어넣었다.

그렇다고 주름치마만 입었던 것은 아니다. 주름이 거의 없는 타이트스커트tight skirt의 모습도 벽화나 회화에서 확인된다. 물론 현재의 타이트스커트와 같은 모습은 아니어서, 약간 넉넉하고 길이도 다양하다.

새로운 스타일의 시작

'치마赤亇'라는 용어는 1420년세종 2 예조에서 재궁齋宮을 옮기는 제사 의식을 아뢸 때 현궁玄宮에 남라겹치마藍羅裌赤亇와 백저포치마白苧布赤亇를 진열한다고 한 데서 처음 보인다.

조선시대의 치마는 아주 다양한 형태로 남아 있다. 복식사를 연구하는 사람으로서 조선시대의 장례가 대부분 매장이었다는 점이 참으로 다행이다. 조선시대 무덤의 부장품 가운데는 시대별로 다양한 치마가 있어 제한적이나마 당시 치마의 형태를 확인할 수 있다.

조선시대의 치마는 길이가 다양하다. 또 구성에 따라 밑단을 접어 만든 접음단치마, 치마 위에 장식단을 붙인 스란치마, 치마 위에 덧입는 작은 겉치마 등으로 나눌 수 있다. 그리고 만드는 방법에 따라 한 겹으로 된 홑치마, 안감과 겉감을 이어 붙인 겹치마, 겉감과 안감 사이에 솜을 둔 솜치마, 겹치마나 솜치마의 위를 누벼 만든 누비치마 등으로 나눌 수 있다. 그리고 이들 치마는 소재에 따라 느낌이 다르다.

조선시대 치마는 몇 폭이나 되었을까? 1471년성종 2 성종은 검소한 풍속을 조성하기 위해 호조와 예조에 전지를 내렸다.

"근래에 세속이 사치하고 화려한 것을 다투어 숭상하여 남녀가 옷 해 입는 포백布帛이 13, 14승升에 이르고 치마의 폭도 15, 16폭이나 된다. (…) 속치마는 12폭을 넘기지 말고, 겉치마는 14폭을 넘기지 않도록 하여 검소한 풍습을 가다듬게 하라."[11]

그리하여 예조에서는 사치를 금하는 조목을 기록해 올렸다. 사족士族의 의복은 10승을 지나지 말게 하되 (…) 속치마는 12폭을 지나지 말며 겉치마는 13폭을 지나지 말고, 서인庶人의 의복은 8, 9승을 지나지 말되 속치마는 10폭을 지나지 말며 겉치마는 12폭을 지나지 말도록 하여 사족과 서인의 차등을 두었다.[12]

조선시대 화폐로 사용되었던 직물은 5승포였다. 승은 직물의 날을 세는 단위로 80올이 1승에 해당한다. 직물을 짰을 때 평균 폭이 35센티미터 내외였으므로, 5승포인 경우 400올을 날실로 걸고 옷감을 짜는 것이다. 서인은 8, 9승, 사족은 10승, 그보다 더 고급으로 만든 치마는 13, 14승이었으니 조선시대 여자들의 치마가 얼마나 고왔을지 짐작된다.

또한 서인이 가장 사치할 수 있는 치마의 폭은 속치마 10폭, 겉치마 12폭이라고 했으니 치마의 밑단 둘레가 최대 400센티미터 내외가 된다. 이는 현재 우리가 일반적으로 만드는 치마의 폭보다도 넓다. 여자의 치마에 대해서는 법도 관대했던 것 같다.

조선시대 여성의 평균 키를 155센티미터로 가정했을 때 보통 치마의 길이는 80~90센티미터이며, 긴치마는 100~130센티미터 정도이다. 80~90센티미터면 허리에 둘러 입었을 때 발목을 덮는 정도다. 그러나 100~130센티미터가 되면 활동하기에는 불편할 것이다. 따라서 치마의 길이를 줄이든지 착장법을 다양화해야 했을 것이다. 조선시대 멋쟁이 여성들은 치마를 어떻게 디자인했을까?

트레인이 있는 치마

보통 길이의 치마는 그대로 장저고리나 단저고리와 함께 허리에 둘러 입는다. 그러나 치마 길이가 길면 허리에 둘러 입을 수 없다. 특히 예복용 치마라 할지라도 앞뒤가 모두 길어 바닥에 끌리면 입는 것 자체가 부담스럽다. 그래서 만들어진 것이 앞은 짧고 뒤는 긴 전단후장前短後長형 치마다. 전단후장형 치마를 만드는 방법은 크게 두 가지다. 하나는 앞뒤를 똑같은 길이로 길게 만들어 앞쪽을 줄이는 것이고, 다른 하나는 처음부터 앞쪽을 짧게 마름질하는 것이다.

대표적인 전단후장형 치마는 16세기 남양 홍씨1534~1574, 파평 윤씨?~1566, 평산 신씨 등의 무덤에서 출토되었다. 이들은 모두 전체 폭이 550센티미터 정도이고 길이는 120센티미터가 넘는다.

남양 홍씨 치마는 9폭으로 구성되어 있는데 중심 3폭의 윗부분 17센티미터를 접어올려 앞 길이를 줄이고 앞뒤가 연결되는 부분에 잔주름을 잡아 다트dart가 생기도록 만들었다. 다트는 양재洋裁에서, 옷감을 체형에 맞추기 위해 허리나 가슴, 배 등의 일정한 부분을 긴 삼각형으로 주름을 잡아 꿰매는 것으로, 평면재단으로 옷을 만드는 한복에서는 사용하지 않는 봉제기법이다. 그러나 남양 홍씨는 치마의 앞을 보통 치마 길이로 만들기 위해 적어도 30센티미터 이상을 줄여야 했다. 앞 길이를 줄이려면 먼저 원하는 치마 길이가 되도록 접어서 바느질한다. 그러고는 옆 폭으로 이어지는 부분에 다트를 넣어 자연스럽게 입체감을 살린다. 치마의 뒷자락은 그대로 길게 남겨두

무엇을 보여주고 무엇으로 가릴 것인가

면 치마 뒤쪽이 길게 끌리는 트레인train 같은 느낌을 준다. 이렇게 하면 의도하지 않은 듯 자연스럽게 입체재단의 효과가 돋보이는 디자인이 된다.

파평 윤씨의 치마는 처음부터 앞을 짧게 마름질하고 뒤는 길게 마름질하여 폭을 연결했다. 이 치마도 9폭으로 연결되었으며 전체 폭이 550센티미터에 이르는데, 짧게 마름질한 앞부분과 길게 마름질한 뒷부분을 삼각형의 다트를 접어 연결하여 자연스레 볼륨감이 생기도록 했다. 이들 치마는 모두 홑치마이

(위) **남양 홍씨의 전단후장형 치마** | 주름을 잡아 치마를 걷어올린 모습과 뒷길과 연결되는 다트의 모습이 자연스럽다.

(아래) **파평 윤씨의 치마** | 전단후장형의 또다른 디자인으로 앞을 짧게 하고 뒤를 길게 하여 이어지는 부분에는 다트를 넣었다.

며 생사生絲로 짠 얇은 비단의 일종인 초生綃로 만들었다. 초로 만든 옷은 사각사각하며 살아 있는 느낌을 준다.

그러나 생초는 가볍고 약하여 오래가지 못하기 때문에 일상적으로 입기는 어렵다. 1612년광해군 4 정언正言 조유도趙有道가 생초로 만든 답호褡穫를 입고 모임에 나갔다가 마침 참람하게 옷을 입지 못하도록 금하자는 의논이

작자 미상, 〈화산양로연도〉(부분), 농암종택 소장

있었으므로 파직을 청했다는 기록이 있다.[13]

답호는 소매가 짧거나 없는 조끼 형태의 포로서 가장 겉에 입는 편복便服
이다. "단사單紗는 가볍고 약하여 오래가지 못해서 생초와 다름이 없으니 입
을 만한 물건이 못 된다"[14]는 말에서 생초가 다루기 어렵고 사치스런 직물이
었음을 알 수 있다.

전단후장형 치마는 당시 사람들에게 많은 사랑을 받았으리라 짐작된다.
그렇다면 전단후장형 치마는 평상복이었을까 의례복이었을까? 생초가 가볍
고 약하여 오래가지 못했으므로 이 치마를 평상시에 입지는 않았을 것이다.
그러나 생초가 아닌 다른 직물로 만든 치마는 평상시에도 착용이 가능했다.
1519년중종 14 안동 부사로 재직하던 농암聾巖 이현보李賢輔, 1467~1555는 가

(왼쪽) **의인 박씨 접음단치마**
(오른쪽) **장기 정씨 접음단치마**

을에 안동의 80세 이상 노인들을 관아로 초청하여 성대한 양로연을 베풀었다. 그때 그린 〈화산양로연도花山養老燕圖〉에는 음식을 나르는 여인들이 전당후장형 치마를 입고 있는 것이 보인다. 당시 여성들은 이러한 치마를 새로운 스타일로 받아들였을 것이다.

접음단치마

앞에서 치마 길이가 길어지자 다양한 디자인이 등장했다고 했는데, 장식단도 그중 하나다. 장식단은 전체적으로 치마의 길이를 줄이는 방법으로 고안되었다. 30~40센티미터 정도를 밑단에서 접어올려 이중의 단을 만드는 것으로, 서양 옷의 커프스cuffs와 같은 역할이다. 보행에 불편을 주지 않았고 무게중심이 치맛단으로 내려와 안정감을 주었을 뿐 아니라 곱게 잡힌 주름 때문에 치마가 더욱 우아하게 보이는 효과가 있어서 이 역시 당시 여성들에게 많은 사랑을 받았다.

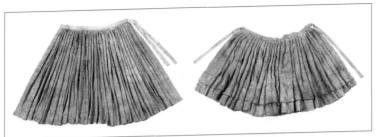

(왼쪽) **평산 신씨 전단후장형 치마**
(오른쪽) **평산 신씨 접음단치마**

접음단치마는 의인 박씨[15]와 장기 정씨1565~1614의 무덤에서 나온 것이 있다. 모두 얄팍한 솜을 대어 겹으로 만든 것으로 초봄이나 늦가을에 입었을 것으로 생각된다.

평산 신씨[16]의 묘에서는 전단후장형 치마와 접음단치마가 같이 나왔다. 이 무덤은 여성의 단독 묘로 밝혀졌는데 다량의 복식류가 함께 출토된 것으로 보아 평산 신씨는 패션에 상당한 관심을 갖고 있었던 인물인 듯하다.

평산 신씨의 전단후장형 홑치마는 앞에 다트가 작게 들어갔으며 금선단 金線緞으로 만들었다.[17] 금선단은 가장 고급스런 직물 중 하나로 우리나라에서는 생산되지 않았다. 금사를 넣어 짠 옷감으로 만든 긴치마를 입고 걷는 여인의 모습이라니, 그 광채가 어떠했을지 상상이 된다.

가슴 위로 올라온 치마

치마의 길이가 110센티미터에서 120, 130센티미터가 될 정도로 길어졌음에도 불구하고 16, 17세기에는 저고리의 길이가 그다지 짧지 않았다. 여전히 치마는 허리에 둘러 입었기 때문에 치마의 길이를 줄일 수 있는 여러 가지 방법만 등장했다. 그러나 17세기 후반, 18세기부터는 저고리 길이가 짧아지면서 치마를 가슴 위까지 올려 입게 되어 치마의 길이를 줄일 필요가 없어졌다. 치마의 길이와는 상관없이 오히려 치마허리를 넓게 달아 짧아진 저고리 아래로 보이는 가슴을 가리는 데 신경을 써야 했다. 결국 치마허리는 지금의 브래지어처럼 가슴을 가리는 역할을 했다.

그러나 우리의 치마 구조상 아무리 치마허리가 넓어도 가슴을 가리는 데는 한계가 있다. 우리 몸에서 가장 입체적인 부분을 꼽자면 가슴과 허리가 연결되는 부분이다. 그래서 아무리 가슴을 납작하게 누르고 끈으로 묶어도 조금만 움직이면 치마허리는 밑으로 흘러내리고 만다.

이에 따라 가슴을 가리기 위한 허리띠를 별도로 만들어 착용하기도 했다. 지금까지 전해오는 허리띠의 나비는 20~30센티미터로, 이것을 먼저 가슴에 두르고 110~130센티미터의 끈을 달아 가슴을 묶는다. 그러나 이 또한 가슴을 가리는 데는 한계가 있었다. 결국 1930년경 치마허리에 어깨끈을 달면서

허리띠, 경운박물관 소장

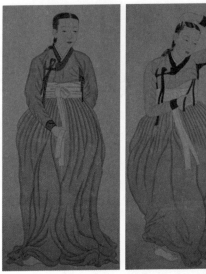

전(傳) 채용신, 〈팔도미인도〉 중 진주 관기 산홍(왼쪽)과
강릉 미인 일선(오른쪽), OCI미술관 소장

치마가 흘러내리는 것을 막을 수 있었다.

진주 관기 산홍을 보면 잔주름을 잡은 치마가 치마허리에 달려 있다. 치마허리의 나비는 유두선에서 허리 약간 위까지 오는 길이이므로 20센티미터 내외로 보인다. 가만히 서 있는 이 여인의 치마는 얌전하게 가슴을 가렸지만 조금은 무거워 보인다. 강릉 미인 일선은 한쪽 손을 들어 머리를 만지고 있다. 저고리 아래로 탐스러운 가슴이 그대로 드러나 있다. 이 여인의 치마도 겨드랑이 밑을 자세히 보면 꽤 넓은 치마허리를 달았음을 알 수 있다. 그러나 아무리 넓은 치마허리로 꽁꽁 동여맨다 해도 치마가 가슴 밑으로 흘

(왼쪽) **신윤복, 〈단오풍정〉(부분), 간송미술관 소장**
(오른쪽) **신윤복, 〈청금상련〉(부분), 간송미술관 소장**

러내리는 것은 어쩔 수 없다.

　이제 가슴을 가릴 수 있는 방법을 찾아야 한다. 저고리의 길이는 짧아졌고 치마허리는 아무리 넓어도 가슴을 가릴 수 없다보니 치마를 입는 방법에 변화가 생겼다. 가장 단순한 방법은 가슴에 둘러 입는 것이지만 치마는 여지없이 가슴 밑으로 흘러내린다. 가만히 가슴을 가려주기를 기대하는 것은 희망사항일 뿐이다. 신윤복의 〈단오풍정端午風情〉에는 저고리를 벗은 채 세수를 하고 머리를 매만지는 여성들의 모습이 보인다. 이 여인들이 입은 치마에서는 넓은 치마허리의 뒷모습과 옆모습을 볼 수 있다. 치마허리를 단단히 묶어야 가슴이 보이지 않을 테니 당연히 납작해질 때까지 가슴을 눌렀을 것이다. 〈청금상련〉에서 거문고를 타는 여인을 보자. 저고리 밑으로 치마허리가 보인다. 얼마나 단단히 묶었는지 가슴이 거의 평면으로 보인다. 치마가 흘러

(왼쪽) **작자 미상, 〈미인도〉, 일본 도쿄국립박물관 소장**
(오른쪽) **신윤복, 〈이부탐춘〉(부분), 간송미술관 소장**

내리지 않게 하기 위해서는 어쩔 수 없다. 그러나 이렇게는 단 10분도 있을 수 없을 것이다. 조금만 움직여도 흘러내리는 치마를 어떻게 감당할 수 있겠는가?

그다음 방법은 치마를 걷어올려 겨드랑이에 끼우는 것이다. 작자 미상의 〈미인도〉를 자세히 보면, 저고리 밑으로 가슴이 드러나 있고 치마허리는 이미 가슴 아래로 내려가 있음을 확인할 수 있다.

마지막으로 허리끈을 이용하여 치마를 묶는 방법이 있다. 신윤복의 〈이부

탐춘*妖婦耽春*〉에서 오른쪽 여인을 보면 치마를 잡아당겨 가슴을 가린 후 허리끈으로 묶었다. 그러나 가슴을 가리기 위한 착장법은 가슴을 가리는 대신 엉덩이를 커 보이게 하여 새로운 스타일이 탄생하는 계기가 되었다.

버들잎 같은 허리와 풍만한 엉덩이

허리에 둘러 입던 치마의 디자인이 다양해지고 저고리가 점점 짧아지면서 허리가 드러나기 시작했고 그때부터 여성의 허리는 패션에서 중요한 포인트가 되었다.

여자는 자고로 허리가 가늘어야 한다는 말이 있을 정도로 가는 허리는 여성미를 대표한다. 그렇다면 얼마나 가늘어야 아름다운 허리라고 할 수 있을까? 미의 여신 비너스의 허리둘레는 약 26인치이며, 미스 유니버스 미녀들의 평균 허리둘레는 25인치다. 환산하면 63~66센티미터 정도다. 허리와 엉덩이의 비율도 중요한데, 이상적인 비율은 0.7:1이다.

옷을 만드는 데에서도 허리를 강조하려면 엉덩이를 부풀리는 방법이 가장 효과적이다. 그래서 허리를 강조하는 옷들은 대부분 엉덩이가 커 보이도록 디자인한다.

서양에서는 허리를 강조하기 위해 코르셋corset을 만들었다. 코르셋은 배와 허리의 맵시를 내기 위해 배에서 엉덩이에 걸쳐 받쳐 입는 여자의 속옷이다. 코르셋은 인위적 V라인을 강조하며 가슴에서 복부까지 강하게 조였다. 16세기에는 스커트를 부풀리기 위해 만든 속치마인 파딩게일farthingale이

유행했다. 이는 철사나 고래수염, 등나무 등의 고리를 여러 단 엮어 만들었는데, 스커트의 밑단까지 넓게 강조하기 위한 것이었다. 프랑스에서는 이를 베르튀가댕vertugadin이라고 했으며, 스페인에서는 원추형으로 만들어 사용했다.

17세기에도 엉덩이를 부풀리는 형태는 이어졌으나 파딩게일을 이용해 치마의 폭을 넓히는 것이 아니라, 치마 뒤쪽을 강조하는 방식으로 변했다. 17세기 말에는 파니에pannier를 엉덩이 양쪽에 붙여 양옆을 부풀리고 앞뒤는 납작하게 했다. 파니에는 원래 '바구니'라는 뜻으로 이 역시 철사나 고래수염, 등나무 등으로 테를 만들고 허리에 끈을 묶어 여미도록 한 것이다. 형태가 조금씩 변하긴 했지만 파니에는 18세기에도 계속 사용되었다. 이러한 의복 형태는 여성의 몸가짐, 매너 등에 영향을 주었고 여성의 속옷은 여성미와 정숙의 상징이 되었다. 속옷은 또한 도발과 유혹의 대명사이기도 했다. 남성에게 위협을 당했을 때 여성은 코르셋의 살대를 꺼내 자신을 방어하는 무기로 사용했다. 코르셋이 엉덩이를 과장하여 여성성을 극대화함으로써 남성들의 성욕을 자극했음을 알 수 있다.

우리나라에서는 엉덩이를 어떻게 부풀렸을까? 조선 후기 풍속화에서 그 해답을 찾을 수 있다. 조선 후기 여성들은 치마를 껴입음으로써 하체를 강조했다. 기본적으로는 겹겹이 속옷을 입고 그 위에 주름이 많은 긴치마를 입는다. 그러고는 엉덩이가 커 보이도록 치마를 걷어올린다.

〈나물 캐는 아낙〉을 보자. 이 여인은 긴 치마를 입고 일하는 게 거추장스

(왼쪽) **윤용, 〈나물 캐는 아낙〉, 간송미술관 소장**
(오른쪽) **전 채용신, 〈팔도미인도〉 중 평양 기생 계월향, OCI미술관 소장**

러웠을 것이다. 처음부터 짧은 치마를 입고 나왔으면 되는데 그러지 않았다. 대신 치맛자락을 뒤 허리춤에 끼워넣었다. 여인의 의도와 상관없이 우리의 시선은 엉덩이로 향한다. 평양 기생 계월향을 보자. 이 여인도 속옷을 겹쳐 입었다. 그러고는 치마를 걷어올려 가슴 앞에 모으고 있다. 이 여인을 처음 보는 순간 우리 눈은 어디로 향하는가? 바로 잔뜩 부푼 엉덩이 부분이다. 그런데 오른손에 장도粧刀를 든 것이 재미있다. 무슨 생각을 하며 장도를 잡고 있는 것일까? 정숙을 위장한 도발 아니겠는가?

은폐는 또다른 노출

때로는 그대로 드러내기보다 과장되게 가림으로써 신체의 특정 부위에 대한 관심을 더 크게 불러일으킬 수 있다. 즉, 은폐는 또다른 노출이다. 조선 후기의 새로운 복식구조가 어떻게 노출을 시도했는지 이러한 관점에서 살펴보자.

겹겹이 껴입은 속옷

우리 옷은 남녀를 불문하고 유교적인 관념에 따라 신체를 감추고자 했다. 이는 여성의 속옷 착용에서 두드러지게 나타나는데, 사실 속옷을 여러 겹 입었을 때 겉으로 표현되는 실루엣은 오히려 치마를 넉넉하게 부풀려 여성성을 극대화한다.

그렇다면 속옷을 얼마나 껴입었을까? 또 속옷을 가장 많이 껴입은 사람은 누구일까? 가짓수를 놓고 보면 바로 왕실 여성들이었다. 김명길金命吉[18]이 쓴 『낙선재주변』에 따르면, 순정황후 윤씨가 가례를 치르던 날 자그마한 몸에 어찌나 옷을 많이 입었던지 그 추운 겨울에 땀을 송송 흘렸다고 한다.

웃옷만 보더라도 분홍소고의 자주삼회장을 물린 노랑소고의 당의, 밑에는 속녀의, 봉지바지, 단녀의속치마, 웃치마, 큰치마, 자주주름치마 등 이루 세기도 힘들 정도다.

당의의 가슴과 소매 옷부분에는 금사金絲로 동그란 봉鳳흉배를 해서 달았
으며 그 위에 다시 적의翟衣, 남색 공단 바탕에 꿩을 수놓은 옷를 걸쳤다. 이 적의
에도 흉배를 달고 수대繡帶로 여몄다. 신은 노란 공단 신이었는데 수를 어찌
나 곱게 놓았던지 가지고 놀고 싶을 정도였다.[19]

여기서 상의上衣에 해당하는 것은 분홍소고의, 노랑소고의, 당의이다. 고
의는 왕실 여성 중 왕비나 왕세자빈만 착용할 수 있는 저고리에 해당한다.
그런데 소고의라고 했으니 짧은 저고리일 것이다. 여기서 저고리 안에 입는
적삼은 언급하지도 않았다. 그러나 저고리 안에 적삼을 입는 것은 당연한 일
이니 적삼을 입고 그 위에 소고의 두 장을 겹쳐 입었으며, 왕실의 소례복小禮
服인 당의를 입었다. 적의 안에 적어도 네 벌 이상의 상의를 껴입은 것이다.
하의는 어떠한가? 속녀의, 봉지, 단녀의, 위치마, 큰치마, 자주주름치마,
여섯 벌의 하의를 껴입었다. 녀의는 니의裏衣로 속곳이다. 속니의는 단녀의
보다 작은 크기의 속바지다. 단녀의는 단속곳을 뜻하는 것으로 궁중어다. 속
니의나 단녀의 등은 모두 바지통이 넓다. 봉지는 봉다라고도 하며 바지를 일
컫는 궁중어다. 봉지는 바짓부리인 끝단으로 내려가면서 좁아지는 특징이
있다. 그 위에 단속곳인 단녀의를 입고 그 위에 치마 세 벌을 더 입었으니 하
의만 여섯 벌을 껴입은 것이다. 여기서 속옷은 속니의, 봉지, 단녀의 등 세
벌이지만 이것이 다가 아니다.
순종1874~1926 가례 시의 속옷 발기件記를 살펴보자.(69쪽 참조) 순명황

번호	옷감	구성	물목	수량	비고
1	숙갑사	준누비	너른봉디	2작	1작 삼간택
		납작누비	봉디		
2	숙갑사	준누비	너른봉디	2작	
	장원주	준누비	봉디		
3	장원주	준주누비	너른봉디	3작	1작 삼간택
		오목누비	봉디		
4	숙갑사	민	너른봉디	3작	1작 삼간택
		민	봉디		
5	장원주	민	단니의	3작	1작 삼간택
		민	봉디		
6	숙갑사	준주누비	단니의	2작	1작 삼간택
	장원주	오목누비	봉디		
7	장원주	준누비	단니의	2작	1작 삼간택
		납작누비	봉디		
8	싱수갑사	준누비	봉디	2작	
9	화방주	준누비	봉디	2작	
10	수화주	도련	단니의	1죽	5:삼간택
11		징	단니의	2죽	1죽:삼간택
12	숙갑사		단니의	3작	2:삼간택
13	싱수갑사		단니의	3작	
14	정주	징	단니의	3죽	1죽:삼간택
15		오목누비	봉디	1죽	수화주5:삼간택,정주5
16		납작누비	봉디	1죽	수화주5,정주5
17		오목누비	봉디	1죽	수화주5:삼간택,정주5
18		납작누비	봉디	1죽	수화주5,정주5
19		오목누비	봉디	1죽	수화주5:삼간택,정주5
20		납작누비	봉디	1죽	수화주5,정주5
21		준누비	봉디	1죽	수화주5,정주5
22	수화주	핫	봉디	1죽	5:삼간택
23	왜주	민	봉디	1죽	5:삼간택
24	정주	민	봉디	1죽	삼간택
25	여포		무족치마	3죽	
26	서양목		니의	1죽	
27	세목		니의	1죽	
28	여포		니의	1죽	
29		민	듸자	1죽	갑사5, 수화주5
30		납작누비	듸자	1죽	갑사5, 수화주5
31		준주누비	듸자	1죽	갑사5, 수화주5
32		준주누비	듸자	1죽	갑사5, 수화주5
33		겹	듸자	1죽	갑사5, 수화주5

왼쪽 위부터 시계 방향으로 다리속곳, 속속곳, 속바지, 단속곳, 무족치마, 대슘치마. 경운박물관 소장

후 민씨_{1872~1904}와 가례를 올릴 때 침방에 먼저 내려보낸 속옷 발기로서, 1882년_{고종 19} 상의원에서 준비한 세자빈궁의 속옷의 종류다.[20]

실제 가례 시 필요한 세자빈궁의 속옷은 그 규모가 대단했기 때문에 가례를 거행하기 전에 미리 물목을 적어 침방에 내려보냈다.

현재 장서각에 소장된 「빈궁마누라 의디 침방의 문져 흐라 주오신 불긔」에서 그 내용을 확인할 수 있다. 여기에서 보면, 단속곳과 비슷하지만 밑단 부분에 한지를 대 겉에 입은 치마를 더 부풀리기 위한 너른봉디와 봉디가 1작_作을 이루는 경우와 단니의와 봉디가 일작을 이루는 경우가 있으며, 봉디, 단니의, 무족치마, 니의가 단독으로 만들어져 입히는 경우도 있다.

그럼 속옷의 종류를 살펴보자. 하의로 맨 안쪽, 살이 닿는 부분에 입는 것은 지금의 팬티와 같은 역할을 하는 다리속곳이다. 다리속곳은 크기가 큰 속옷들을 자주 빨아 입는 번거로움을 덜어주기 위한 용도로 사용되었다. 이는 계절에 상관없이 흰 목면으로 만들었으며, 홑겹으로 된 긴 감을 허리띠에 달아 찼다. 그 모양은 사다리꼴을 이루며 가랑이 아래 안쪽은 한 겹을 덧대어 두 겹으로 구성했다. 다리속곳 위에는 속속곳을 입는다. 속속곳은 속니의 또는 속녀의로 단속곳과 같이 바지통이 넓은 속옷이다. 이 위에 바지통이 좁은 속바지를 입는다. 속바지 안에 바지통이 넓은 속속곳을 입어 속바지가 부풀려진 상태를 유지할 수 있다. 그 위에 다시 단속곳을 입음으로써 또 한 번 부풀려진 속옷이 그 형태를 유지하면서 엉덩이 주변을 커 보이게 한다. 이때 단속곳은 치마만큼이나 좋은 옷감을 사용한다. 치마를 걷어 입을 때 보이는 것이 바로 단속곳이기 때문이다. 이상은 속옷 중에서도 바지 형태로 이루어진 것들이다. 이들 속곳들은 치마를 부풀리는 용도인 동시에 치마를 걷어올렸을 때는 겉옷의 역할도 했으므로 세탁 후 쟁을 쳐서 입었다. 쟁은 풀을 먹여 반반하게 펴서 말리거나 다리는 것으로 쟁을 친 옷감은 때가 덜 타기도 하고 광택이 나서 고급스러워 보인다. 또 속바지나 단속곳은 누비로 만들 때도 많았다. 그렇다보니 속옷을 만들고 손질하는 데는 시간이 많이 들었다.

바지 형태의 속곳 위에는 치마 형태의 속옷을 입는다. 그중 대표적인 것은 발기에서도 보았듯이 무족치마다. 무족치마는 모시인 저포苧布 여러 폭을 이어붙인 후 각각 다른 길이의 치마를 3층, 5층, 7층, 9층 등 층층으로 허리에 달아 만든다. 풀을 먹이고 다듬이질을 한 무족치마는 치마를 부풀리는

데 아주 효과적이었다. 무족치마는 궁궐 밖에서도 많은 사랑을 받았다.

이덕무는 『청장관전서』에서 "요즘 부인들은 엷은 색 치마를 즐겨 입고 그 빛깔은 거의 과부가 입는 옷 빛깔과 다르지 않으며, 또 짧고 작은 하얀색 치마를 먼저 입고 난 연후에 겉치마를 입고 무족치마는 5합, 7합 등이 있다"[21]고 한 것으로 무족치마가 일반 부인들 사이에서도 유행했던 품목이었음을 알 수 있다.

무족치마 위에는 대슘치마를 입는다. 실학자 박규수朴珪壽, 1807~1877가 쓴 『거가잡복고居家雜服考』에는 치마 안에 무족군을 입으며 그 위에 다시 큰 군롱裙籠을 입는다고 했는데 군롱이 바로 대슘치마라 짐작된다. 대슘치마는 풀 먹인 모시를 이어 만들고 밑단에 4센티미터 너비의 창호지 백비단을 붙인 치마로, 백비단에도 풀을 먹여 빳빳하게 만들면 겉에 긴치마를 입었을 때 치마를 넓게 퍼지게 하는 효과를 낸다.

속곳을 여러 겹 입는 것도 치마를 부풀려 넓게 퍼지게 하기 위한 하나의 방법이다. 그래서 속곳을 어떻게 만들 것인가도 중요한 문제였다.

조선시대 여인들은 직물의 특성을 잘 활용했다. 여름에는 모시나 베를 사용했다. 모시나 베는 빳빳하여 밖으로 뻗치는 성질이 있기 때문에 치마를 부풀리는 데 적합했다. 또 누비를 활용하기도 했다. 누비는 간격과 솜을 얼마나 두느냐에 따라 부푸는 느낌이 달라진다.

여기에서 고안된 것이 바로 바지 형태로 된 속곳을 바느질하는 기법이었다. 단순히 홑옷, 겹옷으로 바느질하거나 솜을 두는 것만으로는 치마를 부풀

누비바지, 경운박물관 소장

리는 데 한계가 있다. 솜을 둔 옷의 경우 투박해 보일 뿐 아니라 뚱뚱해 보이기도 한다. 그래서 개발된 것이 누비다. 누비는 날씬해 보여야 하는 곳과 넉넉해 보여야 하는 곳을 구분짓는 역할을 한다. 이것이 누비의 매력이다. 속바지나 단속곳을 누빌 때 윗부분은 굵게, 아랫부분은 가늘게 누비면 엉덩이 부분을 더 강조할 수 있다. 또 위만 누비고 아래는 누비지 않는 방법을 이용해도 마찬가지 효과를 낼 수 있다. 속곳 중 너른바지도 단에 창호지를 여러 겹 붙이면 단 부분이 힘을 받아 치마를 퍼지게 한다. 모두 서양의 페티코트petticoat와 같은 역할을 하는 것이다.

　속곳을 만들 때 부분적으로 다른 직물을 써도 디자인의 묘미를 살릴 수 있다. 속곳의 윗부분은 옥양목으로, 아랫부분은 화문주花紋紬로 옷감을 달리하면 치마를 걷어올렸을 때 고급 옷감이 드러나므로 그때의 노출은 의도한

(왼쪽) **신윤복, 〈유곽쟁웅〉(부분), 간송미술관 소장**
(가운데) **신윤복, 〈야금모행〉(부분), 간송미술관 소장**
(오른쪽) **신윤복, 〈월하정인〉(부분), 간송미술관 소장**

것이 된다.

〈유곽쟁웅遊廓爭雄〉에서 여인이 치마를 걷어올려 속옷이 드러난 모습을 볼 수 있다. 치마 아래로 단속곳과 발목으로 좁아져 내려가는 홑바지의 모습이 보인다. 좁아진 바지를 드러내놓으니 상대적으로 엉덩이는 넉넉해 보인다. 〈야금모행夜禁冒行〉의 여인도 치마를 걷어올려 입었다. 겉치마 속으로 단속곳과 누비바지가 보인다. 속에 입은 바지를 통해 계절을 짐작할 수 있다. 또 다양한 속옷이 디자인에 활용되었음도 알 수 있다.

〈월하정인月下情人〉의 여인은 쓰개치마로 얼굴을 가리고 있다. 신분을 정확히 알 수 없으나 쓰개치마는 보통 반가 부녀자가 사용했다. 조선시대에는 내외법이 엄격했기 때문에 부녀자는 한 발짝만 밖으로 나가려 해도 얼굴을 가려야 했다. 그런데 그림 속 여인은 얼굴은 가렸어도 속옷은 드러내놓고 있다. 속옷을 드러내는 것이 이미 하나의 패션이 되었음을 알 수 있다. 이는 당시 여성들이 속옷의 다양성과 장식성에 관심을 갖고 새로운 스타일을 만들어내는 데 거침없었음을 보여준다.

바람아 불어다오

조선시대 쓰개류는 내외內外를 위한 필수 아이템이었다. 신분의 고하를 막론하고 반가 부녀자는 쓰개치마를, 일반 여성은 장옷을 둘렀으며, 기녀도 외출할 때는 전모氈帽를 착용했다. 전모는 대나무로 틀을 만들고 그 위에 기름에 결은 한지를 발라 만든 모자다. 전모의 가장자리에는 나비, 박쥐, 꽃무늬 및 수壽·복福·부富·귀貴 등의 글자로 장식을 하고, 턱 밑으로 묶을 수 있도록 끈을 달았다. 머리를 틀어올린 후 쓰기도 하고, 가리마 위에 쓰기도 한다. 전모는 약간 비슷하게 써 숨겨진 얼굴을 궁금하게 만든다.

지방에 따라 평양과 해주 등지의 기녀는 외출할 때 갈대로 만든 대노립大蘆笠으로 낯을 가렸으며, 함흥, 북청 지역의 기생은 천의薦衣를 착용했다. 그러나 기생은 내외법 때문이 아니라 장식 목적으로 쓰개류를 사용했다. 이는 자신의 얼굴을 타인에게 잘 보이도록 하기 위한 노력이었으니 숨기기를 통해 타인의 관심을 불러일으키려 했던 것이다.

신분에 따라 착용할 수 있는 쓰개가 따로 정해져 있던 것은 아니다. 〈연소답청〉에서 볼 수 있듯 말을 탄 기녀가 장옷을 쓰기도 하고, 〈문종심사聞鍾尋

(위쪽) **신윤복, 〈연소답청〉(부분),**
간송미술관 소장
(아래쪽) **신윤복, 〈문종심사〉(부분),**
간송미술관 소장

寺)에서처럼 반가의 부녀임에도 절을 방
문할 때는 천의를 쓰기도 했다.

그런데 이 여인들은 정말 얼굴을 가
리기 위해 쓰개를 착용했을까? 쓰개류의
모양을 보면 의구심은 더욱 짙어진다. 쓰
개치마는 치마와 같은 형태로 구성되어
있다. 흰색의 넓은 치마허리를 이마 위에
둘러써서 얼굴을 가리는데 시선은 오히
려 얼굴로 집중된다. 거기엔 '내 얼굴 한
번 봐달라'는 은근한 표현이 담겨 있다.

장옷도 이런 혐의를 벗기 어렵다. 17
세기까지 장옷은 여성이 포로 착용했다
가 18세기 중엽부터는 별도의 겉옷으로
착용했다. 겉옷으로서 장옷은 포와는 다
른 몇 가지 특징을 갖는다. 첫째, 깃이 대
칭으로 달려 있으며, 둘째, 길 부분이 좁
은 반면 이중 섶이 달려 있어 밑단 부분
이 넉넉하게 유지된다. 셋째, 끝동에는
흰색의 거들지가 달려 있으며, 동정이 넓
고 깃 앞쪽에는 이중 고름이 달려 있다.

마지막으로 소매의 겨드랑이 밑에는 당襠이라는 삼각형의 작은 무가 달려 있다. 신체의 움직임이 많은 곳이나 트임 부분에 작은 삼각형, 사다리꼴, 마름모꼴, 사각형 등의 당을 덧대어 활동과 착용이 편리하도록 했다. 당은 실용적인 목적에서뿐 아니라 장식적인 요소로도 활용되었다. 장옷은 다른 쓰개류에 비해 특히 장식적인 요소가 많다. 색상을 보면 몸판인 길과 소매는 초록색이고, 깃과 고름, 당은 자주색이다. 깃 위에 단 동정과 소매 끝에 단 거들지는 흰색이다. 구성도 다채롭다. 쓰개로서의 비중이 커짐에 따라 몸판의 넓이는 좁아졌지만 이중 섶을 달아 전체적인 밑단의 넓이는 유지했다. 고름은 이중으로 달아 하나는 머리에 둘러쓴 후 벌어지지 않게 앞에서 잡지만 다른 하나는 색을 달리함으로써 장식적인 효과를 갖는다. 또 깃에 달린 흰 동정과 소매 끝에 달린 거들지 역시 장식적인 효과를 극대화한다. 이런 장옷을 이마 위에 둘러쓰면 넓은 동정이 얼굴 근처로 시선을 집중시키기 마련이다.

〈점괘〉의 여인을 보자. 장옷은 머리에 두르는 것인데 이를 각이 지게 접어 머리 위에 얹었다. 입가에 미소를 띤 발그스름한 얼굴이 아주 사랑스러워 보인다. 이렇게 예쁘게 생긴 얼굴을 어떻게 숨기고만 다닐 수 있었겠는가? 〈이승영기尼僧迎妓〉의 장옷 입은 여인 역시 얼굴을 빼꼼히 내놓았다. 〈장옷 입은 여인〉의 여인도 장옷은 썼지만 다소곳하게 눈을 내리뜨고 입술은 빨갛게 칠한 것으로 보아 얼굴을 감추기보다는 드러내려 하고 있다는 인상을 강하게 준다.

(왼쪽) 김홍도, 〈점괘〉(부분), 국립중앙박물관 소장
(가운데) 신윤복, 〈이승영기〉(부분), 간송미술관 소장
(오른쪽) 신윤복, 〈장옷 입은 여인〉(부분), 국립중앙박물관 소장

천의는 쓰개치마와 거의 비슷한 형태지만 쓰개치마보다 간소하다. 얼굴
이 닿는 부분에만 동정과 같이 흰 천을 달고 치마끈까지는 치마와 같은 색
깔로 만들었다. 머리에 쓰기 좋게 몇 개의 주름만 잡기 때문에 얼굴 앞으로
간편하게 두르고 뒤통수에서 묶어 장옷이나 쓰개치마와 같이 손으로 끈을
잡고 있을 필요가 없다. 〈표모봉욕漂母逢辱〉에서는 빨래하는 여인이 천의를
머리 뒤로 젖히고 빨랫방망이를 두드리고 있다. 그런데 그녀가 보고 있는 것
은 그녀를 쳐다보다 들킨 남정네다. 빨래터에서 치마를 걷어올리고 맨발로
혼자 빨래하는 여인이 굳이 천의를 머리에 쓸 필요가 있었을까?

〈문종심사〉의 부인도 분명 내외용으로 천의를 덮어쓴 것이 아니다. 한껏

신윤복, 〈표모봉욕〉(부분), 간송미술관 소장

뒤로 휘날리는 천의는 무척 섹시해 보였을 것이다.(76쪽 참조)

〈월하정인〉의 여인이 두른 것은 쓰개치마다. 나름 얼굴을 한껏 가린 것처럼 보이지만 사실은 밀회를 즐기고 있다. 서로 얼굴을 보고 이야기를 나누어야 할 것 같은데 오히려 얼굴을 가려 보이지 않게 한다. 밀회 장면을 남에게 들킬까봐 걱정이 되어서였기도 했겠지만 어쩌면 남정네의 애간장을 태우기 위해서였는지도 모른다.

그도 그럴 것이 개항기에 우리나라를 방문한 외국인들이 하나같이 말하길 조선 여인들은 마음속으로 바람이라도 불어 쓰개치마가 자연스레 벗겨

신윤복, 〈월하정인〉(부분), 간송미술관 소장

지길 바랐다고 한다. 영국 화가 랜더H. S. Landor는 반반하게 생긴 여인들은 뒤에서 바람이 불어와 장옷이 날아갈 때 미끄러워 놓친 체하는 등 자신이 얼마나 아름다운지 과시할 수 있는 기회를 놓치지 않는다고 했으며, 영국 영사 칼스W. R. Carles 역시 장옷을 쓰지 않은 여자들은 천연두를 앓았거나 중노동에 시달린 흔적이 역력했고, 장옷으로 얼굴을 가린 여성들은 오히려 얼굴을 보여주고 싶어한 것이었다고 했다.[22]

당나라 여성의 패션

'기綺'는 비단의 한 종류다. 외국에서는 '기'를 경험하고 그 아름다움에 경탄하는 것으로써 중국을 인식하기 시작했다. 'Cina'는 바로 '기'의 음qī을 따른 것이다. 페르시아인과 인도인 들이 동쪽에는 '기'라는 나라가 있다고 믿었듯이 중국은 아름답고 다양한 직물을 생산하는 나라로 인식되었다.

특히 비단은 위魏·진晉에서 수隋·당唐까지 그 종류와 문양이 갈수록 복잡해졌으며, 얇은 직물을 짜는 기술 또한 점점 발달함에 따라 비단으로 만들 수 있는 여성의 옷도 다양해졌다.

〈잠화사녀도簪花仕女圖〉의 귀부인은 당나라의 대표적인 복식인 고요석류군高腰石榴裙과 명의明衣를 입고 그 위에 피백帔帛을 둘렀다. 당나라 때 처음 사라紗羅로 옷을 만들기 시작했는데 이는 당대 복식의 큰 특징이다.

먼저 붉은색에 꽃무늬가 화려한 고요석류군을 보자. 석류군은 석류 문양이 놓인 얇은 비단으로 만든 치마로서 높이 올려 입었다. 석류는 아름다움과 거룩함, 그리고 수많은 씨 때문에 다산을 상징하기도 한다. 석류군은 자색, 단색, 홍색, 녹색 등이 있는데 그중 홍색이 가장 인기가 있었다.

이름으로 보아 명의는 투명한 옷을 가리키는 말이다. 원래는 예복禮服의 일부였으며, 얇은 비단으로 만들었다. 그러다 당대에 이르러 겉옷으로 입으면서 명의는 여성 복식에 운치와 여운을 불어넣었다. 우리나라의 저고리와 치마에 해당하는 유군襦裙 위에 명의를 입으면 속에 입은 옷이 살짝살짝 비쳤기 때문이다.

주방(周昉), 〈잠화사녀도〉(부분)

명의 위에는 피백을 둘렀다. 피백은 어깨에 두른 뒤 무릎 아래까지 길게 늘어뜨리는 것으로 지금의 머플러에 해당한다.

이 귀부인이 입은 옷은 모두 얇은 비단으로 만들었으며 자연스럽게 흐르는 주름drapery이 아름다울 뿐 아니라 자연스레 몸매를 드러내 성적 매력 또한 발산하고 있다.

일본 여성의 패션

일본에 기모노가 정착된 것은 헤이안平安시대였다. 당시 신분이 높거나 교양 있는 여성은 모두 '주니히토에十二單衣'라는 여러 겹으로 된 옷을 입었다. 당시에는 옷을 겹쳐 입는 게 유행이었다. 특히 에도시대에 들어서며 여성 복식은 화려해지고 사치스러워졌을 뿐 아니라 가부키歌舞伎 같은 예능의 영향을 받아 유녀遊女들에 의해 다양하고 화려해졌다. 유녀들은 기모노에 놓인 여러 가지 모양의 자수나 허리를 묶는 끈에서 출발하여 점차 너비가 넓어지고 묶는 방법도 다양화된 오비おび, 허리띠, 머리 모양 등에 새로운 변화를 주며 유행을 이끌었다.

일본 복식의 가장 큰 변화는 머리 모양에서 찾을 수 있다. 에도시대 초기까지는 길게 늘어뜨리는 피발被髮의 형태였는데 에도시대 후기에는 높이 틀어올리는 형태로 바뀌었다. 그래서 목덜미 부분이 드러났고, 기모노를 입은 여성의 아름다움을 뒷모습에서 찾게 되었다. 에도시대에 발달한 '목덜미襟足의 미'는 뒷모습의 아름다움을 보여주는 전형적인 예다.

일본 여성의 올린 머리는 크게 네 부분으로 나뉘는데, 그중 '다보たぼ'라 불리는 뒷머리를 묶은 부분이 점차 위로 올라가 목덜미가 드러났으며, 이와 관련하여 발달한 미의식은 기모노를 입는 방식에도 변화를 주었다.

목덜미를 면도하는 모습을 보자. 면도는 깃 아래 머리털이 나기 시작하는 부분부터 길게 다리가 난 것처럼 했다. 그러면 목이 길어 보일 뿐 아니라 목 언저리가 뚜렷해 보이는 효과가 있다. 여기에 목덜미가 하얗게 보이도록 백분白粉을 물에 녹여 손가락이나

(왼쪽) **목덜미를 면도하는 모습**
(오른쪽) **화장하는 미인**

솔로 얼굴이나 머리, 깃, 그리고 가슴 근처까지 펴 발랐다.

화장하는 미인의 모습을 보자. 기모노를 겹쳐 입었는데 뒷머리를 높이 틀어올려 목덜미가 보인다. 목덜미가 잘 보이도록 기모노의 깃을 뒤로 젖혔다. 몸에서 가장 아름답다고 생각하는 부분을 보여주기 위해 옷 입는 방법이 변화한 것이다.

3

숨은
욕망
앞으로

조선시대 여성은 집 안에서 남편에게 순종하고 자식을 잘 낳아 길러야 했다. 17세기에 접어들어 성리
학 이데올로기에 의해 정절, 수절 등의 유교 덕목이 정책적으로 권장되고 사회활동에 제약이 따르면서
여성은 억압적이고 제한된 삶을 살았다. 그럼에도 불구하고 반가 부녀자 또한 에로티시즘을 극대화한
하후상박 스타일의 옷을 입고 싶어했다. 반가 부녀자가 새로운 스타일의 복식을 받아들이게 된 결정적
인 요인은 바로 사대부였다.

조선은 엄격한 신분제 사회였으며, 신분에 따라 개인의 생활이 공적·사적으로 규제되었다. 그러한 사회에서 하후상박이라는 새로운 스타일이 신분을 초월하여 여성들 사이에 유행한 이유는 무엇일까?

기생이야 그렇다 쳐도 누구보다 정숙을 강요받았던 반가 부녀자는 물론 먹고살기 바빴을 서민 여성까지 하후상박 스타일을 선호하게 된 데에는 특별한 이유가 있을 것이다. 그녀들의 내면세계를 들여다보자.

몸값 좀 올려보자

유행의 첨단에 서려는 욕구는 남의 시선을 끌고 자신의 존재를 알리고 싶다는 바람에서 출발한다. 누구나 특별한 사람으로 보이고 싶어하는 마음을 갖고 있다. 즉 타인과 달라 보이고 싶은 것이다.

새로운 스타일의 옷을 입는 일도 이러한 욕구의 연장선상에 있다. 특히 기생이 그러한 욕구가 강했다. 직업상 남들 앞에서 돋보여야 했고 기생이라는 신분에서 벗어나 양반의 첩이 되려면 자신의 아름다움을 표현해야 했다.

조선 후기의 기생은 단순한 매음부가 아니라 가무에 능하고 식견이 높은 예인藝人으로 인정받고 싶어했으며, 화려한 옷으로써 자신의 존재를 알리려 했다. 더욱이 기생은 당시 복식금제 대상에서 제외되는 특수한 신분이었으니 누가 이런 기회를 놓치고 싶어했겠는가. 그들에 대한 복식특혜는 사회적으로 낮은 그들의 신분 지위에 대한 보상 역할을 했으며, 그럼으로써 그들은 옷을 통해 자기과시를 할 수 있었다.

기녀의 비단옷은 홍색, 녹색, 황색, 감색 등의 원색을 많이 사용하여 화려했고, 기녀에게는 가죽신과 금, 은, 구슬, 옥 등 각종 장신구도 허용되었다. 그렇지만 반가 부녀자에게는 허용된 겹치마와 삼회장저고리 등의 착용은 여전히 금지되었다.[26] 저고리는 몸판인 길과, 앞품을 늘리기 위해 붙이는 섶, 목둘레선을 마무리하기 위한 깃, 소매, 그리고 고름으로 구성되는데, 이때 모든 구성 요소가 한 가지 색으로 이루어졌으면 민저고리라 하고, 깃과 고름, 끝동의 색이 다르면 반회장저고리, 겨드랑이 밑에 다는 곁마기의 색까지 다르면 삼회장저고리라 한다.

현실적으로 신분 차별이 있었으나 기녀는 자신들이 상대하는 남성들의 권력을 배경으로 신분에 구애되지 않고 화려한 옷을 입을 수 있었다. 털 달린 토시, 긴 담뱃대, 부채 등도 기생들의 자기과시의 발로였다. 이러한 현상은 반가 부녀자뿐만 아니라 서민 여성에게까지 기생 복식이 확산되는 계기를 마련해주었다.

조선시대의 기녀는 원칙적으로 관청의 기안妓案에 오른 관기였다. 천한 신분의 자식은 어머니의 신분을 따르는 천자종모법賤子從母法에 따라 관노비가 되었던 것이다. 모친을 따라 기녀가 되는 것이 일반적이었지만, 어려서 부모를 잃은 양인良人의 고아가 기녀가 되거나 부모가 가난하여 자식을 기녀로 파는 경우도 있었다. 또한 반가 부녀자가 기녀가 되기도 했는데 이는 양반의 정처正妻로서 세 번 시집간 자나 역적으로 몰린 자의 처자處子들이 기녀로 전락한 예다. 이같이 타의에 의해 기녀가 되는 경우가 대부분이었지만 서리나 양반의 자녀 가운데 화려한 생활에 대한 동경과 주변의 유혹, 그리고 음욕 때문에 스스로 기녀의 길로 들어서는 이들도 있었다.[27]

조선시대에는 노비이거나 신분은 양인이지만 천역에 종사하던 여덟 천민八賤으로 사노비, 중, 백정, 무당, 광대, 상여꾼, 기생, 공장工匠이 있었다. 기생은 팔천 중 하나였지만 사대부와 교제할 수 있었으며, 합법적으로 남성의 접근이 허용된, 미모와 재주가 뛰어난 엔터테이너로서 자연히 남성사회의 관심을 받았다. 그러나 한평생 남자들의 노리개와 같은 인생을 살다가 가치가 없어지면 냉혹하게 버림받는 비운을 감수해야 하는 묘한 신분이기도 했다.[28] 따라서 대부분의 기생은 일반인으로 살고 싶어했으며, 벼슬아치의 첩이 되는 것을 최고의 영예로 생각했다.[29]

기생에게 몸은 곧 자산이다. 기생은 인격체가 아니라 판매되는 물품이다. 기생의 몸은 손님에 의해 물화物化될 뿐만 아니라 스스로에 의해서도 그렇게 인정된다.[30] 이에 따라 기생의 복식구조는 무엇보다 에로티시즘을 강조하는 스타일이 되었다.

「한양가」에 묘사된 기생의 모습을 보자.

얼음 같은 누른 전모 자주갑사 끈을 달고 구름 같은 허튼머리 반달 같은
쌍얼레로 솰솰 빗겨 고이 빗겨 편월 좋게 땋아 얹고 모단 삼숭 가리마를 앞
을 덮어 숙여 쓰고 산호잠 밀화비녀 은비녀 금봉채를 이리 꽂고 저리 꽂고
도리불수모초단을 웃저고리 지어 입고 양색단 속저고리 갖은 패물 꿰어 차
고 남갑사 은조사며 화갑사 긴치마를 허리 졸라 동여매고 백방수주 속속곳
과 수갑사 단속곳과 장원주 넓은 바지 몽고삼숭 겉버선과 안동상전 수운혜
를 맵시 있게 신어두고 백만교태 다 피우고……31

기생은 천인이지만 복식에서는 특별한 대우를 받고 있다. 갖은 속옷과 함
께 화려한 비단옷을 입었는데, 가체를 장식한 비녀와 금봉채, 패물을 단 노
리개는 기생이 자신의 아름다움을 표현하기에 충분한 수단이었다. 허리를
졸라 동여맨 몸매는 남성들의 성적 충동을 불러일으켰다.

이번에는 『춘향전』에 나오는 기생의 모습을 통해 그들의 성적 매력이 어
떻게 부각되었는지 살펴보자. 호장戶長이 기생 명부를 들여놓고 차례대로
호명하자 걸어들어오는 기생들의 모습이다.

명월이는 나군자락을 거듭거듬 걷어다가 세요흉당에 딱 붙이고 아장아장
들어오고, 다음으로 도홍이는 홍상자락을 걸어 안고 아장아장 조촘 걸어들

어오고, 연심이는 나상을 걷어 안고 비단 버선과 수놓은 신발을 끌면서 아장 걸어 가만가만 들어온다.[32]

이들은 모두 비단 치마의 겉자락을 오른손으로 잡아 가슴 앞까지 걷어올리고 살짝 망설이는 듯 아장아장 조촘 걷는 사랑스러운 모습이다. 우리나라 치마는 17세기까지는 오른쪽으로 여며 입는 방식이 보편적이었다. 18세기 후반까지 풍속화에서는 왼꼬리치마도 확인되지만 오른쪽으로 여며 입은 인물이 여전히 많다. 이는 오른손 사용 문화와 밀접한 관련이 있다. 그러나 개화기에는 이미 '양반은 왼꼬리치마'라는 인식이 굳어져 있었다.[33] 치마의 끝자락이 오른쪽인지 왼쪽인지는 반가의 여성인지 특수층 여성인지를 구분하는 단서로 사용되었다. 이는 노론과 소론이 당색을 달리하면서부터 시작된 것으로 보인다. 노론 쪽 여성들이 왼쪽 꼬리로 바꿈에 따라 반가의 여성들이 왼쪽으로 여며 입으면서 왼꼬리는 반가, 오른꼬리는 특수층이라는 구분짓기가 이루어졌다.

내 남편 찾아오기

조선시대 남자들은 아내를 구할 때 굳이 예쁜 여자를 찾지 않았다. 다만 나이 적고 아직 젖을 먹이지 않았으며, 살이 오동포동하면 유익하다고 생각했다. 또한 머리털이 가늘고 눈동자의 흑백이 분명하며, 몸놀림이 부드럽고 뼈대가 연약하여 크지 않으며, 살갗이 매끄럽고 말소리가 온화하면 유익하다고 했다.[34] 얼굴이 둥근형으로 야위지 않고 살빛은 희고 흉터나 잡티가 없으며 전체적인 골격은 건강한 편으로 머리숱이 많고 머리카락이 검으며 인중이 길고 얼굴색이 붉은 건강한 체질의 여성을 찾았던 것이다.[35]

조선시대 여성은 집 안에서 남편에게 순종하고 자식을 잘 낳아 길러야 했다. 17세기에 접어들어 성리학 이데올로기에 의해 정절, 수절 등의 유교 덕목이 정책적으로 권장되고 사회활동에 제약이 따르면서 여성은 억압적이고 제한된 삶을 살았다.

그럼에도 불구하고 반가 부녀자 또한 에로티시즘을 극대화한 하후상박 스타일의 옷을 입고 싶어했다. 반가 부녀자가 새로운 스타일의 복식을 받아들이게 된 결정적인 요인은 바로 사대부였다.

이덕무는 반가 부녀자의 복식이 기생의 복식을 닮아가는 것은 남자들이 기생의 복식을 좋아하여 그것을 부인들에게 권하기 때문이라고 했다.[37] 축첩제가 허용된 조선사회에서 기생의 복식구조는 분명 반가 부녀자의 관심의 대상이 되었을 것이다.

경주 이씨의 저고리를 보자. 경주 이씨의 생몰년은 알 수 없으나 그 남편의 생몰년1684~1753으로 보건대 18세기 들어와 짧아지기 시작한 저고리의 모습을 반영하고 있다. 겉감은 용무늬가 놓인 비단에 안감은 명주로 만든 겹저고리이며, 목판당코깃에 소매, 곁마기는 자주색 선을 댄 삼회장저고리다.

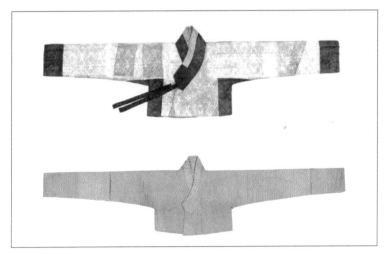

경주 이씨 저고리(위)와 파평 윤씨 저고리(아래), 단국대학교 석주선기념박물관 소장

길이는 41센티미터이며, 소매통이 좁고, 고름도 짧고 좁다. 동정의 너비나 좁아진 소매통이 세련된 느낌을 준다. 파평 윤씨1735~1754의 저고리는 솜을 두어 누빈 명주저고리로 길이는 29센티미터다. 소매통도 경주 이씨의 저고리보다 현격하게 좁고, 당시 반가 부녀자 사이의 저고리 단소화 현상이 제대로 반영되었다.

『증보문헌비고增補文獻備考』에서는, 반가 부녀자의 저고리는 짧아지고 작아졌으며, 소매통이 좁아진 것 등은 원나라의 제도를 따른 것인데 이후로도 변하지 않음을 비판하고 있다.[38] 그러나 남편들이 권하기까지 했다면 어찌 거부할 수 있었겠는가? 자연히 남편의 관심을 기생으로부터 돌려놓기 위한

숨은 욕망 앞으로

즉각적인 반응이 옷으로 나타났을 것이다.

나도 여자라오

아름다워지려는 욕망은 여성의 본능이다. 서민이라고 예외는 아니다. 풍속화에 보이는 서민 여자들은 대부분 일을 하거나 아이에게 젖을 물리고 있는 모습이어서 오히려 자연스럽게 속옷이 노출되기도 하고 젖가슴이 드러나기도 한다. 이들이 기생이나 반가 부녀자처럼 성적 매력을 드러내기 위해 의도적으로 노출을 했다고는 볼 수 없다. 그럼에도 치맛자락을 뒤 허리춤에 끼워넣거나 허리띠 사이에 치마 끝자락을 끼워넣어 속옷을 드러낸 것을 보면 이들도 당시의 패션 흐름에 동참하고 싶어했다는 것을 알 수 있다.

김홍도의 〈우물가〉를 보자. 한 남자가 우물가에서 갈증을 해소하기 위해 아낙에게 물 한 바가지를 얻어 마시고 있다. 먼 길을 오느라 더웠는지 옷고름을 풀어 헤치고 갓도 벗어버린 채 맨상투 바람이다. 남자에게 물을 건넨 여인은 발그스름해진 얼굴을 돌리고 있다. 다른 여인도 두레박만 응시하고 있으나 얼굴은 붉다. 그림 속 세 여인은 모두 치마를 걷어올리고 치마의 끝자락을 허리끈 사이에 끼워넣었다. 일을 하는 데 치마가 거치적거려 걷어올렸을 수도 있지만, 기생이나 반가 여성뿐만 아니라 서민 여성도 새로운 스타일을 추구하려 했다는 것 또한 알 수 있다. 그것은 이들이 입은 속옷에서 확

김홍도, 〈우물가〉, 국립중앙박물관 소장

인할 수 있는데, 단속곳에 모두 단장식을 했다. 이는 치마를 걷어 입었을 때 드러나는 속옷에 대한 배려다. 속옷은 아무래도 겉옷보다는 덜 좋은 옷감으로 해 입기 마련이다. 서민들의 경우에는 더욱 그러했다. 치마를 슬쩍 들어 올렸을 때 보이는 부분만이라도 좋은 옷감으로 장식하고 싶었던 것이 여인

의 마음 아니었을까?

또다른 여인의 모습도 보자. 김득신金得臣, 1754~1822의 〈풍속팔곡병風俗八曲屏〉에서 여인들은 빨랫감을 머리에 이고 빨래터로 가는 중이다. 당시 유행하던 스타일의 치마저고리를 입었다. 앞치마를 둘렀는데 엉덩이 부분은 넉넉하게 부풀어 있다. 또한 치마를 걷어올려 속바지가 드러났다. 이 여인들 역시 속바지에 덧단을 댔다.

김홍도의 〈점괘〉에는 장에 나온 여인이 보인다. 쓰고 있던 장옷을 머리 위에 올려놓고 치마를 걷어올려 주머니에서 무언가를 꺼내고 있다. 얼핏 자연스러워 보이지만, 대낮에 치마를 허벅지까지 걷어올리면서도 부끄러워하

김홍도, 〈점괘〉, 국립중앙박물관 소장

는 기색이 없는 여인의 모습은 어떻게 해석해야 할까?

조선 여성의 '로망'

조선시대에 탐스러운 머리는 미인의 기준이었다. 가체加髢는 아름다움을 표현하는 수단을 넘어 사회적인 문제로 대두되었다. 가체는 16세기부터 존재했지만 조정의 골칫거리가 된 것은 숙종 이후부터다. 서로 과시하기 위해 가체도 높고 큰 것을 숭상하게 되자 그 값은 천정부지로 뛰어올랐다. 부녀자들은 가체를 위해 중인의 집 10여 채에 해당하는 비용을 지불했다. 가체에 대한 여인들의 욕구가 커질수록 괴로운 것은 남편들이었다. 1783년정조 7 "옛날에는 가체의 값이 백 냥을 넘어가는 것을 지나치게 사치스럽다고 했는데 지금은 4, 5백 냥도 부족하여 심지어 천 냥에 가깝다"[23]고 했다. 가체의 비용을 어디서 충당할 것인가? 그러니 조정에서 가체에 대한 논란은 끊이지 않았다.

영조는 가체를 족두리로 대체할 것을 제안했다. 1758년영조 34 "체계를 금하고 궁양宮樣인 족두리를 허락하며, 다른 모양은 아울러 엄금한다"[24]고 했다. 1788년정조 12 비변사에서 올린 가체신금절목加髢申禁節目을 보면, 머리에 쓰는 것은 족두리를 사용하되 무명으로 만든 것이나 얇게 깎은 대나무로 만든 것이나 모두 검은 천으로 겉을 싸고 머리장식에 관계된 금옥金玉·주패珠貝·진주당계眞珠唐紒·진주투심眞珠套心〈미인도〉의 부속은 모두 금단하라고 했다.[25] 머리에 대한 치장이 사치로 흐르는 것을 막고자 한 것이다.

가체를 위해서는 먼저 머릿결이 탐스럽고 머리숱이 많아야 한다. 특히 머릿결을 곱게 만들기 위해서는 머리 손질을 잘해야 한다. 머리 손질은 얼레빗과 참빗을 이용하여 머리를 빗는 일에서 시작한다. 얼레빗으로 솰솰 빗은 다음 참빗으로 가다듬는다. 또 머릿기름을 발라 머리를 단정하게 빗어 넘길 때도 참빗을 쓴다. 빗치개를 이용하여 가르마를 단정하게 타고 머리를 양쪽으로 빗은 후 곱게 땋는다. 앞쪽에서 양 갈래의 머리를 댕기로 묶은 후 구름처럼 둥그렇게 정수리 위에 올려놓는다.

이처럼 숱 많고 검은 머리카락이 미인의 제일 조건이었으니 본인의 머리가 변변찮을 때는 다른 사람의 머리라도 얹어야 하지 않았겠는가. 그러다보니 가체가 여인들 사이에서 대단한 인기를 누리게 되었던 것이다. 이덕무의 『청정관저서』에는 어린 신부가 가체 때문에 목이 부러져 죽은 사연이 실려 있다.

(위) **얼레빗**
(가운데) **참빗**
(아래) **빗치개**

> 요즈음 한 부잣집 며느리가 나이 열세 살에 다리를 얼마나 높고 무겁게 하였던지, 시아버지가 방에 들어가자 갑자기 일어서다가 다리에 눌려 목뼈가 부러졌다. 사치가 능히 사람을 죽였으니 아, 슬프도다.

당시 가체를 높이 올리지 않고는 세상에 낄 수 없다고 했으니 가체가 얼마나 유행했는지 알 수 있는 대목이다.

(왼쪽) **신윤복, 〈계변가화〉(부분), 간송미술관 소장** | 가발인 체를 넣는 모습
(오른쪽) **신윤복, 〈단오풍정〉(부분), 간송미술관 소장** | 다리를 만든 모습
(아래) **작자 미상, 〈미인도〉(부분), 고산윤선도유물전시관 소장** | 가체를 얹은 여인

옷맵시를 돋보이게

주머니

주머니는 돈이나 소지품을 넣기 위해 만든 물건으로 실용과 장식을 겸한다. 한복에는 기본적으로 주머니가 없었기 때문에 별도로 만들어 달아야 했다. 주머니는 비단이나 무명 등으로 만들었지만 용도에 따라서는 양가죽이나 소가죽으로도 만들었다. 주머니의 목은 끈목을 달아 꾸몄으며, 오색봉술, 방울, 버선, 표주박이나 작은 삼각형 괴불을 달기도 했다.

대표적인 주머니로는 복주머니라 부르는 둥근 모양의 두루주머니와 각이 진 귀주머니가 있다. 세시풍속의 하나로 이들 주머니에 새해 첫번째 돼지날이나 쥐날에 볶은 콩이나 곡식을 담아 선물했다. 이는 들쥐나 멧돼지의 피해 없이 풍년이 들기를 염원하는 의미로 주고받은 것이다.

액을 면하기 위해 동서남북과 중앙을 상징하는 청, 백, 홍, 흑, 황 오방색으로 주머니를 만들기도 했다. 금박으로 장식하거나 수壽·복福 등의 길상어문吉祥語文을 수놓기도 했다.

돌날에 달아주는 색색의 돌띠주머니에는 오곡을 넣었는데, 평생 끼니 걱정 없이 살길 바라는 부모의 마음이 고스란히 담겨 있다. 또한 혼인날 신랑에게는 노랑 두루주머니에 자주색 끈목을 달아 차게 했는데, 주머니에는 씨가 박힌 목화 한 송이와 팥 아홉 알을 넣어주었다. 아들 아홉에 딸 하나를 두라는 뜻으로 자손이 번창하기를 바라는 염원을 담았다.

금원앙 노리개(위)와 마미향집 노리개(馬履香匣佩飾)(아래), 경운박물관 소장

우리의 치마저고리는 색상이 강하지 않다. 특히 조선 후기로 가면서 사치가 금지되어 직물이나 색상이 극히 단조로워졌다. 그런 가운데 주머니 또한 옷에 활력을 불어넣는 역할을 톡톡히 했다.

노리개

노리개는 여성의 몸치장을 위한 대표적인 장신구다. 노리개의 기원을 찾자면 여러 가지 장식품을 달았던 삼국시대의 허리띠 요패腰佩까지 올라갈 수 있는데 조선시대에 더욱 다채롭고 화려하게 발전했다. 노리개는 띳돈, 주된 장식물인 주체主體, 주체를 거는 매듭과 장식 술, 그리고 이들을 연결하는 끈목多繪으로 구성된다.

노리개의 재료로는 은을 가장 많이 사용했고, 옥, 비취, 산호, 호박, 진주 등 보패를 주로 사용했다. 그리고 은이나 금속제 위에 분사나 유리가루 등을 녹인 파란법랑, 琺瑯을 장식했다. 비단에 곱게 수를 놓은 노리개도 있었다.

주체의 모양에 따라 기원하는 바가 달랐다. 나비나 박쥐는 화려함과 복을, 방아다리·투호·고추·가지는 자손의 번창을 기원하는 것이었다. 호랑이 발톱은 악귀를 쫓고, 원앙은 부부의 금실을 소망한다는 의미가 있었다. 투호는 남자아이들의 놀이기구이므로 투호 모양 노리개는 사내아이를 기원하는 뜻이 있었다.

향갑 노리개는 오늘날의 향수 같은 역할을 했다. 구멍이 뚫린 네모난 상자에 사향을 넣어두면 은은한 향기가 몸을 감쌌다. 향갑에는 구급약이나 부적을 넣기도 하고, 여성에게 필요한 바늘집, 골무, 귀이개, 작은 족집게 등을 달기도 했다.

걸을 때마다 가슴 앞을 스치며 흔들리는 노리개는 타인의 시선을 붙잡기에 충분하다. 치마저고리를 모두 갖춰 입고 고름에 끼워 다는 노리개는 옷맵시를 한층 돋보이게 할 뿐더러 단아하고 조신하게만 느껴지는 한복에 활기를 불어넣는다.

4

너도나도
유행 속으로

하후상박형 치마저고리는 저고리 길이가 짧아지고 치마 길이가 길어지자 하체가 더 길어 보이는 착시
효과를 가져왔고 아름답다는 느낌을 주는 비례를 만들어냈다. 또 치마저고리의 길이가 비대칭이 되었
음에도 조화를 이루며 세련미를 더했다. 저고리 길이가 짧아지자 잘게 잡은 치마의 주름이 드러나면
서 반복적인 리듬감을 주었다. 긴 저고리에 있던 선 장식은 짧아진 저고리 길이에 맞게 줄어들고 깃, 고
름, 곁마기 등이 강조되면서 단순한 저고리에 활력을 불어넣었다.

유행의 본질

유행의 본질에서 중요한 것은 유행의 확산 과정이다. 새로운 스타일이 소수의 사람들에 의해 소개되고, 여러 사람들에 의해 채택되고, 결국 많은 사람들 사이에 유행하기까지는 일련의 확산 과정을 거친다. 이때 중요한 것은 대다수 사람들에 의해 수용되기 전에 새로운 스타일을 채택하는 사람들이 누구인가다. 유행의 전달자는 유행의 확산에 영향을 미친다. 유행이 어디에서 시작해 어디로 퍼져나가는지를 설명하는 것이 유행전파이론fashion adoption theory이다.

유행전파이론에는 유행이 높은 계층에서 낮은 계층으로 전파된다는 하향전파설, 반대로 낮은 계층에서 높은 계층으로 전파된다는 상향전파설, 모든 사회계층에서 수평적으로 전파된다는 수평전파설 등이 있으며, 유행은 계층 간의 차별화 욕구에서 나온 집합적 선택의 과정이라는 집합선택이론도 있다. 전통사회에서는 크게 하향전파설과 상향전파설이 설득력을 갖는다.

유행의 방향

위에서 아래로

유행전파이론 중 가장 고전적인 것은 하향전파설이다. 이는 하나의 스타일이 가장 높은 계층에서 먼저 채택되고, 점차 낮은 계층에서 그것을 모방함으로써 유행으로 확산된다는 이론이다.

독일의 사회철학자 지멜G. Simmel은 사회 형태, 의복, 미적 판단 기준, 인간 표현의 모든 형태는 유행에 의해 끊임없이 변화하는데 이때 유행은 상류계층에만 영향을 미친다고 했다. 하류계층이 상류계층의 스타일을 모방하면 상류계층은 그들만의 동질성이 붕괴되는 것을 막기 위해 다시 하류계층과 구분되는 새로운 스타일을 만들고자 하기 때문이라는 것이다. 복식은 착용자의 재정적 위치를 확인할 수 있는 지표다. 의복만큼 신분과 경제력을 과시할 수 있는 소비 형태는 없다. 신분제 사회에서는 더욱 그러했으니 상류계층이 자신들의 우월한 지위를 드러내기 위해 하류계층과 구별되는 패션을 시도한 것은 당연한 일이었다.

조선시대에 새로운 복식 스타일을 가장 먼저 채택한 사람들은 왕족이었다. 왕실 여성의 옷은 직물부터 달랐는데 대부분 비단이었다. 비단은 직조 방법에 따라 사라紗羅와 능단綾緞으로 구분한다. 얇고 가벼운 직물인 사라는 봄, 여름, 가을에, 두꺼운 직물인 능단은 가을과 겨울에 사용한다. 조선 초기에는 사라능단의 생산을 제한했기 때문에 수입에 의존했다. 그러니 사라능단을 입을 수 있는 사람도 제한적이었다. 『경국대전經國大典』에는 사라능단에 대한 금제를 기록했다.

대소원인으로서 홍색, 회색, 백색으로 된 겉옷, 백립白笠, 홍첩紅貼을 사용하는 자, 술그릇 외에 금은이나 청화백자青畫白磁로 만든 그릇을 사용하는 자, 궐 안에서 엎드려 절하면서 꿇어앉거나 돌아앉거나 정해진 수 이상으로 근수根隨를 거느리는 자, 종친의 처와 딸, 당상관의 어머니·처·딸·며느리 및 유음자有蔭子의 신부 외에 덮개 있는 교자轎子를 사용하는 자, 사찰 외에서 진채眞彩·화석花席을 사용하는 자, 주칠朱漆한 그릇을 사용하는 자, 사화봉絲花鳳·금은로포화金銀露布花를 사용하는 자, 영초焰炒를 사용하는 자, 관사官舍에서나 당하관 이하의 혼인하는 사람이 사·나·능·단·담요를 사용하는 자, 사채를 멋대로 징수하는 자, 사사로이 자장紫場·초장草場을 차지하는 자는 모두 장에 처한다.[39]

이는 모두 신분에 어울리지 않는 사치품을 사용하는 자에 대한 처벌이다. 홍첩은 임금이 사용하는 승마乘馬 안구鞍具를 말하며, 청화백자는 흰 바탕에 푸른 빛깔로 그림을 그린 자기이다. 성종 초까지도 명나라로부터 수입하여 어용御用으로만 사용되었다. 능은 빗살무늬가 있는 춘추용 직물이다. 단은 광택이 있고 두꺼운 겨울용 비단이다. 영조시대에는 사치를 금지하기 위해 비단 짜는 직기織機를 상방尙方에서조차 없앴으므로 고급 견직물 사용은 극히 제한적이었다. 진채는 주로 사찰의 단청에 쓰는 것으로 궁궐 외에서 사용할 수 없는 것이며, 사화봉과 금은로포화는 진연進宴에 사용하는 조화造花다. 자장과 초장은 땔나무를 마련하는 것으로 이 또한 주인의 권세를 빙자하여 개인적으로 독점함으로써 폐단을 낳았기 때문에 금제했다.[40]

서인 남녀는 모두 홍의紅衣·자의·자대·금은·청화로 된 주기酒器·교기초交綺綃·옥·산호·호박·명박·청금석 및 황동의 안식鞍飾·삽등자·사피 등의 사용을 금한다고 했으나 비록 교기초로 만드는 수건, 수파, 비뉴轡紐 따위의 세쇄細碎한 물건은 비록 사라능단이라도 금하지 않는다고 했으며, 짙게 회색 물을 들인 옷, 사족의 부녀와 아동, 경기京妓의 잡다한 장식의 금은주옥, 정병, 서인의 흰색 옷 등은 금하지 않았다.[41]

서인 남녀의 소소한 물건에 사용되는 사라능단은 금하지 않았으며, 사족의 부녀와 어린아이, 경기의 잡다한 장식도 역시 금하지 않아 사라능단 사용에 어느 정도 융통성은 있었다. 이는 사라능단이 사치로 흐를 수 있는 빌미를 제공하는 데 한몫을 했다. 특히 연산군 대에는 사라능단을 이미 통용해 입도록 허용했으므로 직조하는 방법을 널리 알리도록 했다.

이제부터는 장인匠人 수백 명을 더 두어 그 업을 부지런히 하게 하고 오부五部로 하여금 인가人家를 깨우쳐 널리 전습傳習하게 하라. 만약 홀로 할 수 없으면 이웃집과 더불어 힘을 합하여 짜서 바치는 것도 좋을 것이다. 그리고 누에와 뽕은 우리나라에서 나는 것이며 칠사七事에 맨 먼저 있으므로 나라에서 맨 먼저 힘써야 할 일이다. 지금 마땅히 가깝게는 개성서부터 멀리는 팔도에 미치기까지 모두 가르치되, 10년을 기한으로 한다면 비록 아무리 궁벽한 시골이라도 환하게 알지 못하는 자가 없어 공사公私가 풍족하리라.[42]

이로써 사라능단을 무역에만 의존하지 않고 직접 직조할 수 있게 되었으니 그 착용 범위가 넓어졌음은 명백한 일이다. 새로 임명된 수령이 부임하기에 앞서 계판啓板 앞에서 일곱 조목을 외었으니, 즉 농사와 뽕을 성하게 할 일, 호구戶口를 늘게 할 일, 학교를 일으킬 일, 군정軍政을 잘 닦을 일, 부역을 고르게 할 일, 소송을 간이하게 할 일, 간활을 없게 할 일 등의 일곱 가지 임무 중 가장 중요한 것이 농사와 견직물이었다. 1516년중종 11에 이르러서는 사치하는 풍습이 되어 재상들과 부녀자들의 의복이 매우 사치스러워져 사라능단을 입지 않는 자가 없었다.[43]

이에 사치가 날로 심해져 『경국대전』 금제에서 자유로웠던 재상이나 사족 부녀에게도 금하고자 했으나 부녀와 명부命婦가 내연內宴에 입시할 때는 사라능단의 겉옷만은 허용하도록 했다. "겉옷을 모두 금단하면 조정의 광채가 없어지고 왜인이나 야인 들을 연향할 때는 입지 않을 수 없으니 안에 입은 옷만 금단하는 것이 좋겠다"[44]는 것이었다. 사치의 폐단은 계속되었다. 심지어 사라능단으로 베개, 휘장, 요, 이불까지 만들었다. 이에 의정부에서는

『경국대전』 금제의 경중을 참작하여 시행할 절목을 마련했다.

1. 당상관의 군복은 군졸과 구별이 없을 수 없으니 겉감은 사라능단을 쓰고 안감은 쓰지 않는다.

2. 장복章服은 객사客使를 연향할 때 입는 것이므로 품위가 없어서는 안 되니 표리表裏를 모두 사라능단으로 쓴다.

3. 법으로 금지하는 품목 이외의 소소한 물건은 일체 금지하지 않는다.

4. 모든 사대부 가정에서 혼례 때 쓰는 예물과 베개·휘장·요는 옛 법을 밝혀 엄단한다.

5. 외방 각 고을 관아의 방 안 장식물과 침구에는 사라능단의 사용을 일체 금한다.[45]

금제에도 불구하고 사라능단 사치는 극도에 이르렀다. 아름다운 의복을 뽐내어 사족의 집안에 연회가 있으면 휘황한 비단옷 때문에 집이 찬란해지는데, 심지어는 하루에 의복을 여러 번 바꾸어 입음으로써 사치스러움을 과시하는가 하면 서출 자손의 첩인 얼첩孽妾이나 광대인 창우倡優들도 왕후의 복장으로 꾸미고,[46] 심지어 서인의 얼첩들도 비단옷만 입었다.[47]

"서민들의 화려한 비단옷은 참담하게 경상卿相과 견주고[48] 궁중에서 소매가 넓은 옷을 입으면 사방에서는 한 필의 비단을 사용한다[49]는 것처럼 궁궐의 패션은 사대부가에 영향을 주었으며, 사대부가의 복식은 또다시 서민들이 모방함으로써 유행이 위에서 아래로 전파되었다.

아래에서 위로

유행이 아래에서 위로 전파된다는 이론은 상향전파설이다. 이는 하위문
화 집단이 채택한 유행이 상류계층으로 확산된다는 이론으로 하향전파설과
는 정반대다.

상류계층의 문화는 하류계층에 쉽게 전파된다. 그러나 하류계층의 문화
가 상류계층에 전파되기 위해서는 하위문화 집단 스타일의 창의성과 예술
성이 뛰어나야 한다. 또한 계층 간의 교량 역할을 하는 전달자가 반드시 존
재해야 하는데, 전달자는 상류계층의 구성원으로서 영향력을 가져야 한다.
그렇지 않은 경우 하위문화 집단의 스타일은 상류계층으로 확산되지 못하
고 자기 집단 내부의 일시적인 유행으로 끝나고 만다.

조선 후기 기생들이 만들어낸 복식구조는 당시 상류계층은 물론 궁궐에
서도 유행했다. 그것은 그들 복식의 창의성과 예술성이 인정되었기 때문이
다. 어떤 점이 창의적이었고 어떤 예술적 가치가 인정된 것일까?

현대의상의 예술적 가치를 논할 때 기준이 되는 것은 디자인의 원리와 요
소다. 디자인의 원리인 조화, 통일, 비례, 리듬, 강조, 착시 등이 균형을 이루
어, 디자인의 요소인 선, 색채, 재질에 아름답게 적용되었을 때 예술적 가치
가 높다. 이를 치마저고리에 적용해보자.

비례는 어떤 형상의 부분과 부분, 또는 부분과 전체의 상관관계다.

1:1.414 혹은 1:1.618 등을 황금분할의 비례라고 하는데, 긴 부분이 전체 길이의 2분의 1 이상, 3분의 2 이하가 되면 아름다움의 기준에서 벗어나지 않는다[50]고 한다.

하후상박형 치마저고리는 저고리 길이가 짧아지고 치마 길이가 길어지자 하체가 더 길어 보이는 착시효과를 가져왔고 아름답다는 느낌을 주는 비례를 만들어냈다. 또 치마저고리의 길이가 비대칭이 되었음에도 조화를 이루며 세련미를 더했다.

저고리 길이가 짧아지자 잘게 잡은 치마의 주름이 드러나면서 반복적인 리듬감을 주었다. 긴 저고리에 있던 선 장식은 짧아진 저고리 길이에 맞게 줄어들고 깃, 고름, 곁마기 등이 강조되면서 단순한 저고리에 활력을 불어넣었다. 이처럼 조화, 통일, 비례, 리듬, 강조, 착시 등의 디자인 원리가 상호 조화를 이루었다. 여기에 선, 색채, 재질이 디자인의 원리에 맞게 적용되면서 치마저고리의 예술적 가치가 높아졌다.

우리의 치마저고리는 직선으로 구성된다. 치마저고리는 모두 사각형 천을 연결하여 만든다. 저고리는 네모난 몸판인 길, 네모난 소매, 네모난 섶과 네모난 깃을 연결하여 만들고, 치마 역시 네모난 여러 폭의 천을 이어붙여 만든다. 완성된 저고리는 가슴 앞에서 고름을 이용하여 몸에 맞게 여며 입고, 치마는 허리 뒤에서 치마허리에 연결된 허리끈을 이용하여 여며 입는다. 직선으로 만들어진 치마저고리는 저고리의 앞이 열리고 치마의 뒤가 열린 상태에서 입어, 입체적인 신체를 억압하지 않으면서 자연스러운 곡선을 만든다. 짧아진 저고리는 겨드랑이에서 가슴 앞으로 내려오는 도련에 곡선을 만들고, 치마 역시 걷어올려 입으면 엉덩이 부분에 곡선을 만들어낸다.

치마저고리의 색은 소박하면서 자연스럽다. 치마는 주로 흰색이나 청색으로 만든다. 흰색은 한국인을 대표하는 색이다. 흰색이 한국인의 색으로 자리매김한 데에는 몇 가지 이유가 있다. 염색술이 발달하지 못했기 때문이기도 하지만 소색素色의 천을 흰색으로 만드는 방법이 큰 역할을 했다. 천을 세탁하고 삶고 두드리고 풀을 먹이고 다듬이질을 하는데, 비벼 빨 때보다 옷감이 덜 손상되며, 공단처럼 광택이 난다. 흰색이 그 어떤 색보다 화려해지는 순간이다. 우리나라에서 청색은 길한 색이다. 공경사서公卿士庶의 길복은 모두 청색으로 물들이게 했다. 청색은 쪽으로 염색을 하는데 염료의 농담에 따라 짙은 청색에서 옅은 청색까지 자연스러운 색이 나온다.

저고리는 옥색, 연두, 분홍, 노랑 등의 색을 주로 사용했다. 이는 치자, 울금, 황백, 홍화, 소목, 자초 등에서 추출하는데 모두 은은한 색이다. 젊은 사람은 노랑이나 분홍을, 나이 든 사람은 연두나 녹색, 옥색 등의 저고리를 입었다.

개화기에 조선을 방문한 미국인 선교사 길모어G. W. Guilmore는 한국인이 주로 착용한 직물은 무명이나 비단이며 그중에서도 면포가 탁월하다고 했다. 풀을 먹인 면으로 속옷을 만들어 치마를 부풀렸고, 얇게 짠 사紗나 초綃는 안감과 겉감을 겹쳐 입는 것만으로도 오묘한 색을 만들어냈다. 단순하고 소박한 직물의 특성을 살린 하후상박 스타일이 여성성을 극대화하고 에로티시즘을 표출하자 서민층은 물론 왕실에서도 새로운 스타일을 받아들였다.

누가 전달할 것인가

새로운 패션 스타일의 전파는 영향력을 가진 상류계층 남성들이 있었기에 가능했다.

1400년정종 2 태조는 무협아巫峽兒라는 기생을 총애했다. 정종은 무협아를 잔치에 참여시켜 한바탕 놀게 한 후, 상으로 옷감을 내려주었다. 세자도 비단 1필을 하사하여 노고를 치하했다.[51] 기생 무협아는 태상왕인 태조를 비롯하여 왕과 왕세자에 이르기까지 최고의 권력층과 교류했던 것이다.

연산군은 궁궐에 많은 기생을 불러들여 성대한 잔치를 자주 했다. 그는 재주가 우수한 기녀에게는 매달 월급인 요料를 주되 가장 능한 자에게는 상으로 면주綿紬나 면포를 더 주었으며, 자색이 뛰어난 기생은 흥청興淸이라고 부르며 가까이 두었다.[52]

기생은 대군, 사대부 등과도 교류했다. 1416년태종 16 인덕궁仁德宮에서 상왕이 연회를 베풀었다. 여러 종친이 연회에 참석했다가 끝날 때가 되자 세자가 부마駙馬, 임금의 사위 청평군淸平君 이백강李伯剛의 첩이 된 기생 칠점생七點生을 데리고 돌아가려 했다. 그러자 충녕대군忠寧大君이 이를 만류했다. 친척 간에 있을 수 없는 일이라는 이유에서였다.[53] 어전에서 기예技藝를 보이는 기생은 비록 대군이라도 데리고 살 수 없었다. 그러나 1550년명종 5에는 국법이 해이해져 6품 관원도 으레 기생을 데리고 살았다. 장악원掌樂院 제조 提調 윤원형尹元衡이 기강을 바로잡고자 했으나 원망만 샀을 뿐이었다.[54]

해마다 동짓달에 중국으로 보내던 사신을 동지사冬至使라고 한다. 1547년 명종 2에 송복견宋福堅과 김언金漹이 동지사로 다녀왔다. 김언은 식견이 있는 당상관인데 덮개가 있는 마교馬轎를 타고 기생과 함께 그 속에 나란히 앉아서 노래를 부르기도 했고, 평양平壤에서는 태연스럽게 기생집에 출입하기도 했는데[55] 부끄러워하지 않았다. 변란 이후에도 이러한 풍속은 없어지지 않았으며, 오히려 사대부들은 기생을 더욱 가까이했다. 1622년광해군 14 대례에 참여할 기생의 수가 부족하여 기생을 첩으로 데리고 있는 사대부들에게 기생을 내보내도록 전교를 내렸다. 그러나 나라의 기강이 완전히 무너져 하찮은 관원이나 유생조차도 법을 두려워하지 않았다.[56]

심지어 현종顯宗의 상사喪事가 났을 때도 국자감國子監의 장을 지낸 민종도閔宗道는 자색의 짧은 옷을 입고 기생을 품에 안고 앉아 있었다.[57] 왕세자나 대군, 사대부의 총애를 받을수록 기생의 위상은 높아졌다.

1708년숙종 34 송정규라는 인물이 있었다. 강원 감사監司였던 그는 기녀를 기쁘게 해주기 위해 옷감과 초피貂皮를 사들였다.[58] 초피는 방한모인 남바위, 풍차, 갖저고리, 배자, 토시 등의 가장자리를 장식하는 담비털로 모피류 중 최상품이었으며 조선 초부터 여성들에게 인기가 높았다. 1477년성종 8에는 초피 갖저고리가 없으면 모임에 참여하는 것을 부끄럽게 여기기까지

했다.[59] 초피는 평안도와 함경도의 토산품인데, 수확량이 많지 않아 대부분 여진족에게서 얻었기 때문에 그들의 공물貢物을 줄여주기도 했고, 농기구나 철물 등을 주고 그들로부터 구입하기까지 했다.

최고의 기생은 약방기생과 상방기생이다. 약방기생은 내의원 의녀醫女를 일컫는 말인데, 연산군 대에는 의녀 80인을 정하게 가려서 예의를 익히고 재주 있는 여기女妓에게 옷을 깨끗이 입혀서 어전御前의 섬돌 위에 앉혔다.[60] 상방기생은 상의원尙衣院에서 바느질을 맡아하던 여종으로 왕실에서 쓰이는 의복 일체를 만들었다. 상방에서는 각 전殿과 궁宮의 탄일誕日이나 생신 生辰, 정조正朝·단오端午·추석·동지 등의 절일節日에 의복을 지어 올렸다. 그 밖에도 매달 혹은 격월로 올리는 진상물進上物, 연례적으로 진행되는 무역품, 임금이 하사하는 반사물頒賜物, 1년 단위로 올리는 물목 등이 있어 전교에 따라 수시로 의복을 만들었다.[61] 각종 의례 때는 물론 평상시 왕실에서 필요한 많은 복식을 장만해야 했던 상방에서는 바느질하는 침선비針線婢들의 역할이 중요했다. 이들은 서너 살 때부터 궁에 들어와 수를 놓고 바느질을 했으므로, 어떻게 하면 옷을 예쁘게 만들고 맵시 있게 입을 것인가에 관심이 많았을 것이다.

약방기생은 상방기생보다 더 나은 대우를 받았다. 그들은 가리마를 썼다. 검은색 비단인 모단冒段 3승으로 만든 가리마를 쓰고 자색 회장에 초록 옷을 입고 노리개까지 차고 궁 안을 활보했으며, 은으로 만든 침통을 귀고리로 삼아 차고 다녔다.[62] 그들은 의복뿐 아니라 노리개나 귀고리 등 장신구를 통해 아름다움을 드러내려 했던 것으로 보인다. 궁궐에 진연進宴이 있을 때는 이들을 동원했기 때문에 이들 역시 여악女樂으로서의 기능을 익혀야 했다. 조선시대 내내 이들은 일반 백성이나 천인들과 달리 복색에 대한 특혜를 받았으며, 규제에서도 제외되었다.

기생의 마음을 빼앗기 위한 남성들의 노력도 만만치 않았다. 기생에게 잘 보이고 싶어하는 남성들의 모습은 그림에서도 볼 수 있다. 〈청금상련〉에서는 기생들과 양반들이 연꽃을 보고 거문고 소리를 들으며 즐거운 한때를 보

신윤복, 〈청금상련〉, 간송미술관 소장

신윤복, 〈연소답청〉, 간송미술관 소장

내고 있다. 연꽃이 만발한 것으로 보아 한여름이다. 그런데 놀러 나온 남성

들의 옷차림이 심상찮다. 먼저 가운데 서 있는 남자를 보자. 양태가 아주 넓

은 흑립을 쓰고 남자들이 가장 사치를 많이 했다는 패영貝纓을 배 아래까지

길게 늘어뜨렸다. 잘 손질된 도포를 입고 자주색 광다회廣多繪를 두르고 있

다. 거문고를 타는 기생 앞에 앉은 남자 역시 긴 패영이 있는 흑립을 썼다.

이 남자는 긴 패영을 왼쪽 귀 옆에 둥그렇게 말아 걸어놓고 한바탕 놀 기세

다. 청색은 좋은 날에 입는 옷 색깔이다. 청색 도포에 홍색의 세조대가 대조

를 이루며 더욱 활기 넘쳐 보인다. 또 한 남자는 기생을 자신의 무릎 위에 앉혀놓고 기생의 손을 잡고 있으며, 기생은 부끄러운 듯 한 손으로 턱 밑을 가리고 있다. 이 남자는 방건方巾까지 벗어버린 맨상투 바람이다. 그 옆에 서서 그들을 바라보는 남자는 부러워하는 빛이 역력하다.

시詩·서書·화畵·악樂에 능한 기생과 같이 어울리려면, 남자들도 기생의 마음에 들어야 했다. 〈연소답청〉을 보자. 진달래꽃이 핀 걸 보니 이른 봄이다. 남자들의 걷어올린 포 안쪽으로 아직은 남은 추위를 막기 위한 누비저고리가 보이고, 허리띠, 호사스럽게 꾸민 주머니, 짧은 대님으로 묶은 바지의 맵시가 돋보인다. 그렇게 잘 꾸미고 나왔지만 그들은 기생에게 잘 보이고 싶은 마음뿐이다. 이미 말은 기생들의 몫이 되었으며, 남자들은 담뱃대를 공손히 건네주려 하거나 빠른 걸음으로 대열에 합류하려 하거나 또는 스스로 구종이 되어 말을 끌고 있다. 이들의 얼굴에서 사대부의 위엄은 찾을 수 없다.

기생의 복식을 자신의 처첩들에게 권한 남성들이 불러일으킨 효과는 어떠했을까? 웬만한 여성이라면 이 새로운 스타일의 패션을 거부하지 못했을 것이다.

직물

하후상박이라는 새로운 스타일이 조선시대 전 계층의 여인들 사이에 유행했다 해도 분명 구별짓기는 존재했다. 왕실 여성과 반가 부녀자, 일반 서민의 복식은 무엇으로 어떻게 구분했을까? 차이가 가장 극명하게 드러나는 것은 직물이다.

궁궐에서 가장 선호한 직물은 사라능단이다. 이를 짜기 위해 1416년태종 16에는 '단자직조색段子織造色'이라는 관아를 두었다. 그러나 국내 수요를 충당하기에는 역부족이었으므로 중국에서 수입을 할 수밖에 없었다. 그럼에도 왕실 여성들은 물론 당상관의 부인들까지도 사라능단으로 만든 옷을 입었다.

이에 1477년성종8에는 10년을 한하여 임금에게 올리는 의복 외에는 사라능단으로 만든 옷을 입지 못하게 하고 시중에서 사고팔지도 못하게 함으로써 사치의 근원을 끊고자 했다. 그러나 단번에 입지 못하게 할 수는 없었기에 궁궐에서부터 점차 사라능단을 사용하지 못하도록 했다. 1516년중종 11에는 공용公用을 제외한 사라능단의 무역을 모두 금지했고, 1654년효종 5에는 상방尙方에서조차 비단 짜는 일을 중지하도록 했다. 1733년영조 9에는 직조기를 철거하기에 이르렀으며, 임금도 옷을 세탁해 입어 검소를 장려하려 했다.

그후 조선에서는 사라능단 대신 토산인 주紬를 즐겨 사용했다. 주는 명주를 일컫는 것으로 직조할 때 사용하는 견사의 품질과 밀도에 따라 토주吐紬, 정주鼎紬, 향주鄕紬, 면주綿紬 등으로 나뉘었다. 일반적인 주는 하등품에서 중등품의 견사로 제직한 것을 말하는데 그중에서도 조선 후기까지 여성의 복식에 주로 사용된 토주는 꼬임이 많은 견방사絹紡絲를 2올 이상 합하여 S꼬임이나 Z꼬임을 주어 균질한 굵기의 실로 짰는데 주로 겉감에 많이 사용했고, 토주보다 좀더 거칠고 성글게 짠 면주는 겉감 혹은 안감으로 사용했다.

치마에 사용한 직물로는 초綃가 있는데, 이는 상등품의 장견사長絹絲로 제직하여 두께가 얇고 표면이 매끄러우면서 균질하여 광택이 은은하다. 더욱이 초는 견에 비해 밀도가 낮기 때문에 반투명해 보이는 효과가 있고, 견섬유를 싸고 있는 단백질인 세리신sericin을 남겨놓은 생견사로 제직하여 얇고 가벼워서 치마를 풍성하게 살릴 수도 있다.

초는 남성들 사이에서도 인기가 있었다. "다홍 생초 고운 홍의 숙초 창의 받쳐 입고 보라 누비저고리에 외올뜨기 누비바지 양색단 누비배자 전배자 받쳐 입고……" 「한양가」에 나오는 별감의 복색이다. 겉에는 다홍색 생초로 만든 홍의를 입었고 안에는 숙초 창의를 받쳐 입었다. 생초는 정련을 하지 않은 것으로 올이 꼿꼿하여 힘이 있었고, 생초로 만든 옷은 입었을 때 형태가 잘 유지되었다. 그에 반해 숙초는 부드럽게 흘러내리는 것이 특징이었다. 옷맵시를 살리려고 멋을 내는 남성들은 숙초를 입고 그 위에 생초를 입었다.

이외에 여름에 가장 사랑받은 직물은 모시다. 모시는 여름을 알리는 직물로 단오가 되면 입기 시작했다. 모시는 손이 많이 가는데, 풀을 먹이고 다듬이질을 하여 반질반질하게 윤이 나면 여름용 겉옷으로는 최상이다. 뻣뻣하여 속옷으로 입으면 치마를 부풀리는 데도 효과적이다.

신부의 속적삼으로 꼭 준비되는 것이 모시적삼이다. 이는 일평생 시원한 일만 있으라는 의미로 친정어머니가 만들어주는 옷이다.

1 이익, 『성호사설』 권5, 「만물문萬物門」 부인복(婦人服).

2 이익, 『성호사설』 권13, 「인사문人事門」 색욕(色慾).

3 국사편찬위원회 엮음, 『옷차림과 치장의 변천』, 두산동아, 2006, 233쪽.

4 이익, 『성호사설』 권12, 「인사문」 대(帶).

5 조효순, 「조선조 풍속화에 나타난 여자의 기본복식연구 1: 치마, 저고리를 중심으로」, 『한복문화』 제1권 2호, 한복문화학회, 1998, 24쪽.

6 Harold Koda, *Extreme Beauty: The Body Transformed*, The Metropolitan Museum of Art, p. 78, 2002.

7 강명관, 『조선 사람들, 혜원의 그림 밖으로 걸어나오다』, 푸른역사, 2001, 79쪽.

8 이덕무, 『청장관전서』 권30, 「사소절士小節 · 하下」 부의(婦儀) 1.

9 이익, 『성호사설』 권5, 「만물문」 부인복.

10 『삼국사기』 권33, 「잡지雜誌」 제2, 색복(色服).

11 『성종실록』 권13, 성종 2년 12월 5일 임신.

12 『성종실록』 권14, 성종 3년 1월 22일 기미.

13 『광해군일기』 권52, 광해군 4년 4월 21일 을유.

14 『정조실록』 권44, 정조 20년 3월 12일 무오.

15 경기도박물관, 『진주류씨 합장묘 출토복식』, 경기도박물관, 2006. 의인 박씨는 진주 류씨의 배위(配位)로 피장자에 대한 정확한 정보는 알 수 없으나 복식의 형태는 전형적인 16세기 중후반의 것이다.

16 평산 신씨는 장수 황씨 19세인 황지(黃贄)의 배위로 황지의 생몰년은 기록되어 있지 않으나, 참봉을 지낸 그의 형 황윤은 1523년(중종 18)에 출생하여 1593년(선조 26)에 졸했다.

17 문경새재박물관 엮음, 『금선단 치마 입고 어디 다녀오셨을까』, 민속원, 2005, 31쪽.

18 김명길은 순종의 계비인 순정황후 윤씨가 간택 당일 안국동 별궁으로 데리고 들어간 본가 출신의 나인이다.

19 김명길, 『낙선재주변』, 중앙일보사·동양방송, 1977, 71쪽.

20 이민주, 「궁중발기를 통해 본 왕실의 복식문화—임오가례시王午嘉禮時 생산체제를 중심으로」, 『한복문화』 제14권 2호, 한복문화학회, 2011, 132~133쪽.

21 이덕무, 『청장관전서』 권30, 「사소절·하」 부의 1.

22 이민주, 「외국인의 눈에 비친 개항기 복식문화」, 『한국의상디자인학회지』 제7권 제1호, 2005, 108쪽.

23 『일성록』 정조 7년 7월 7일 병신.

24 『영조실록』 권91, 영조 34년 1월 13일 경자.

25 『정조실록』 권26, 정조 12년 10월 3일 신묘.

26 석주선, 『한국복식사』, 보진재, 1992, 473쪽.

27 정태섭 외, 『성 역사와 문화』, 동국대학교출판부, 2002, 224쪽.

28 이규태, 『개화백경』, 신태양사, 1969, 237~238쪽.

29 이민주, 「조선후기의 패션리더—기생」, 『한국민속학』 제39권, 한국민속학회, 2004, 250쪽.

30 정병설, 『나는 기생이다』, 문학동네, 2007, 208쪽.

31 이병기 외 편, 「한양가」, 『한국고전문학대계』 7, 민중서관, 1974, 133쪽.

32 정하영, 『춘향전』, 신구문화사, 2006, 170~171쪽.

33 이은주, 「한국 전통복식에 투영된 좌우 개념」, 『한국복식학회지』 38호, 1998, 346~347쪽.

34 홍만선, 『산림경제』 권1, 「섭생攝生」 성기욕(省嗜慾).

35 전완길, 『한국화장문화사』, 열화당, 1987, 57쪽.

36 이익, 『성호사설』 권5, 「만물문」 부인복.

37 이덕무, 『청장관전서』 권30, 「사소절·하」 부의 1.

38 『증보문헌비고』 권80, 예고(禮考) 27, 장복(章服) 2.

39 『경국대전』, 형전(刑典), 금제(禁制).

40 한국정신문화연구원역사연구실, 『역주 경국대전』, 한국정신문화연구원, 형전, 409~410쪽.

41 『경국대전』, 형전, 금제.

42 『연산군일기』 권60, 연산군 11년 12월 21일 신미.

43 『중종실록』 권26, 중종 11년 10월 21일 기사.

44 『중종실록』 권26, 중종 11년 10월 29일 정축.

45 『중종실록』 권93, 중종 35년 8월 20일 기묘.

46 『명종실록』 권22, 명종 12년 5월 11일 계해.

47 『영조실록』 권24, 영조 5년 10월 19일 경신.

48 『정조실록』 권10, 정조 4년 10월 18일 계해.

49 『정조실록』 권10, 정조 4년 11월 10일 갑신.

50 이은영, 『복식의장학』, 교문사, 1983, 152쪽.

51 『정종실록』 권5, 정종 2년 8월 21일 계축.

52 『연산군일기』 권56, 연산군 10년 12월 23일 기묘.

53 『태종실록』 권31, 태종 16년 3월 20일 임자.

54 『명종실록』 권10, 명종 5년 8월 23일 갑신.

55 『명종실록』 권7, 명종 3년 3월 26일 신축.

56 『광해군일기』 권179, 광해군 14년 7월 22일 병진.

57 『숙종실록』 권9, 숙종 6년 7월 3일 경인.

58 『숙종실록』 46권 숙종 34년 12월 13일 을묘.

59 『성종실록』 55권 성종 6년 5월 12일 경신.

60 『연산군일기』 권54, 연산군 10년 6월 13일 임신.

61 이민주, 「『상방정례』의 편찬과정과 특징— 왕실복식의 절용節用을 중심으로」, 『장서각』 27, 2012, 78쪽.

62 김명길, 『낙선재주변』, 중앙일보·동양방송, 1977, 118쪽.

참고 문헌

『경국대전』
『산림경제』
『삼국사기』
『성호사설』
『일성록』
『조선왕조실록』
『증보문헌비고』
『청장관전서』

강명관, 『조선 사람들, 혜원의 그림 밖으로 걸어나오다』, 푸른역사, 2001.
경기도박물관, 『진주류씨 합장묘 출토복식』, 경기도박물관, 2006.
국사편찬위원회 엮음, 『옷차림과 치장의 변천』, 두산동아, 2006.
김명길, 『낙선재주변』, 중앙일보사·동양방송, 1977.
문경새재박물관 엮음, 『금선단 치마 입고 어디 다녀오셨을까』, 민속원, 2005.
문화재청, 『문화재대관 중요민속자료』 2, 문화재청 문화재과, 1997.
서울역사박물관, 단국대학교석주선기념박물관, 『다시 태어난 우리옷, 환생』, 서울역사박물관, 2006.
석주선, 『한국복식사』, 보진재, 1992.
이경자, 『우리옷의 전통양식』, 이화여자대학교출판부, 2003.
이규태, 『개화백경』, 신태양사, 1969.
이민주, 「『상방정례』의 편찬과정과 특징─왕실복식의 절용節用을 중심으로」, 『장서각』 27, 2012.
───, 「궁중발기를 통해 본 왕실의 복식문화─임오가례시壬午嘉禮時 생산체제를 중심으로」, 『한복문화』 제14권 2호, 한복문화학회, 2011.
───, 「외국인의 눈에 비친 개항기 복식문화」, 『한국의상디자인학회지』 제7권 제1

호, 2005.

이병기 외 편, 『한국고전문학대계』 7, 민중서관, 1974.

이은영, 『복식의장학』, 교문사, 1983.

이은주, 「한국 전통복식에 투영된 좌우 개념」, 『한국복식학회지』 38호, 1998.

전완길, 『한국화장문화사』, 열화당, 1987.

정병설, 『나는 기생이다』, 문학동네, 2007.

정태섭 외, 『성 역사와 문화』, 동국대학교출판부, 2002.

정하영, 『춘향전』, 신구문화사, 2006.

한국학중앙연구원, 『고문서집성』 12, 1994.

'키워드 한국문화'는 한국의 역사와 문화를 재발견하는 작업이다. 한국문화의 정수를 찾아 그 의미와 가치를 정리하는 일이다. 한 장의 그림 또는 하나의 역사적 장면을 키워드로 삼아, 구체적인 대상을 통해 한국을 찾자는 것이다. 처음 소개되는 것도 있을 것이고, 잘 알려져 있더라도 이제야 그 진면목이 드러나는 것도 있을 것이다. 영상과 멀티미디어에 익숙한 현대적 감각에 맞추어 시청각자료를 풍부히 활용하고자 했다. 우리 것이니 당연히 알아야 한다는 의무감에서가 아니라, 같은 땅에 살았던 사람들의 삶의 이야기를 조근조근 들려주어 자연스레 책을 펼쳐볼 수 있게 했다. 이로써 멀게만 느껴졌던 인문학과 독서대중의 간극을 좁히고자 했다.

한국문화를 전혀 모르는 사람들에게나, 어렴풋이 알고 있다고 생각하지만 선입관에 사로잡힌 사람들에게, 또 좀더 깊이 알고자 하지만 길을 찾지 못하는 사람들에게 '키워드 한국문화'는 좋은 안내자가 될 것이다. 한국이 어떤 나라인지 묻는 외국의 벗에게 이 책 한 권을 건넴으로써 대답을 대신할 수 있을 것이다. 책이 한 권 한 권 간행될수록 한국문화의 특징과 아름다움이 더욱 선명히 모습을 드러내리라 믿는다. 책으로 만든 '한국문화 특별전시관'의 완공을 손꼽아 기다린다.

키워드 한국문화 기획위원
김문식, 박철상, 신수정, 안대회, 정병설

키워드 한국문화 12

치마저고리의 욕망

ⓒ이민주 2013

초판 인쇄 │ 2013년 2월 9일
초판 발행 │ 2013년 2월 16일

지은이 이민주
펴낸이 강병선

책임편집 오경철 │ 독자모니터 황치영
디자인 엄혜리 이주영 │ 마케팅 우영희 나해진 김도훈
온라인 마케팅 김희숙 김상만 이원주 한수진 │ 제작 서동관 김애진 임현식 │ 제작처 영신사

펴낸곳 (주)문학동네
출판등록 1993년 10월 22일 제406-2003-000045호
주소 413-756 경기도 파주시 문발동 파주출판도시 513-8
전자우편 editor@munhak.com │ 대표전화 031)955-8888 │ 팩스 031)955-8855
문의전화 031)955-2660(마케팅), 031)955-2645(편집)
문학동네카페 http://cafe.naver.com/mhdn │ 트위터 @munhakdongne

ISBN 978-89-546-2049-9 04900
        978-89-546-0990-6 04900 (세트)

www.munhak.com